CLINTON/TRUMP
L'Amérique en colère

DU MÊME AUTEUR

Les Oligarques, Robert Laffont, 2014

Madame la, Plon, 2007

Le Livre noir de la condition des femmes, avec Sandrine Treiner, éditions XO, 2006

Bush-Kerry, les deux Amériques, Robert Laffont, 2004

Françoise Giroud, Fayard, 2003

La Double vie d'Hillary Clinton, Robert Laffont, 2001

L'Europe racontée à mon fils, Robert Laffont 1999

Les Grands Patrons, avec Jean-Pierre Sereni, Plon, 1998

La Mémoire du cœur, Fayard, 1997

Portraits d'ici et d'ailleurs, Éditions de l'Aube, 1994

Les uns et les autres, Éditions de l'Aube, 1993

Duel, Hachette, 1988

Dans le secret des princes, Stock, 1986

CHRISTINE OCKRENT

CLINTON/TRUMP
L'Amérique en colère

Robert Laffont

© Éditions Robert Laffont, S.A., Paris, 2016
ISBN 978-2-221-18994-8

Because something is happening here
But you don't know what it is,
Do you, Mister Jones ?

Bob Dylan,
« Ballad of a Thin Man », 1965

Préambule

Les cris, la joie, l'espoir, l'amertume. Le tumulte, les acclamations, et déjà les calculs. À Cleveland avec les républicains, à Philadelphie chez les démocrates, les conventions ont désigné leur candidat. Le rouge et le bleu claquent à tout vent, les ballons aux couleurs nationales s'envolent, les délégations des cinquante États de l'Union rivalisent de banderoles et de slogans clamés en chœur. Éperdue, divisée, l'Amérique hésite entre certitudes et désillusions. Elle va choisir son quarante-cinquième président – la femme ou l'homme qui deviendra le dirigeant le plus puissant du monde.

Voilà l'épilogue de la campagne présidentielle la plus sidérante de l'histoire contemporaine.

Les deux candidats qui s'affronteront le 8 novembre n'ont rien en commun avec leurs prédécesseurs. Hillary Clinton sera la première femme à briguer la Maison-Blanche depuis l'indépendance de la République en 1776. Donald Trump sera le premier depuis Dwight Eisenhower en 1953 à n'avoir aucune expérience des affaires publiques – encore le général avait-il joué un rôle majeur dans le dénouement de la Seconde Guerre mondiale.

De prime abord, tout les sépare. Elle fait partie du paysage politique depuis si longtemps qu'on lui a reproché de considérer le Bureau ovale comme une dépendance familiale, la présidence des États-Unis comme une fonction lui revenant de droit après tant de batailles menées au nom de l'intérêt public, tant de blessures cautérisées par sa propre ambition. Lui a fait irruption dans la course comme un vulgaire plaisantin, un amuseur de mauvais goût, générateur d'audience et de profits dans un pays où les élections sont aussi une industrie, un baladin de l'autopromotion qui ferait trois tours et retournerait à ses gratte-ciel – et le voilà qui défait seize concurrents et porte l'étendard d'un parti dont il pourfend les dogmes les plus fondamentaux.

Avons-nous à ce point méconnu les États-Unis, ce pays qui nous fascine et nous exaspère, qui a réussi à nous convertir à sa culture de masse au point de nous faire croire que nous le comprenons ?

Hillary et Donald ont au moins deux caractéristiques en commun, et elles ne sont pas à leur avantage. Ils sont l'une et l'autre détestés par une majorité de leurs concitoyens. En effet, 60 % des Américains ne font pas confiance à Mme Clinton, alourdie par trente-cinq ans de présence dans la vie publique et nombre de scandales associés à son patronyme. M. Trump est détesté par 60 % des Américains, essentiellement issus des minorités ethniques, qui lui reprochent d'avoir exalté et nourri les pires préjugés de la majorité blanche.

Autre singularité partagée : leur âge, avancé par rapport à la norme politique américaine. La candidate démocrate aura 69 ans au moment de l'élection de novembre, le républicain 70 – seul Ronald Reagan était plus vieux quand il s'est installé à la Maison-Blanche. Du coup, la probabilité que le vainqueur ne fasse qu'un seul mandat aiguise déjà dans les deux camps calculs et appétits.

Le duel final est d'autant plus frontal qu'il oppose deux stéréotypes de la vulgate américaine : l'une, emblématique des élites traditionnelles dont elle a gravi les échelons à force de talent, d'opiniâtreté et de réseaux soigneusement choisis ; l'autre, homme d'affaires à la fortune affichée, contempteur du système établi dont il rejette les codes et les comportements. Les deux visages d'un rêve américain dont la classe moyenne, c'est-à-dire les électeurs, se sent désormais dépossédée ; les deux champions de formations politiques à bout de force qui ne parviennent plus à endiguer la déferlante qui balaie d'un océan à l'autre les cinquante États de l'Union : la colère.

D'un côté comme de l'autre, colère contre les élites, contre l'argent, contre Wall Street, contre les médias, contre un système jugé corrompu puisqu'il ne réussit plus à satisfaire les aspirations du plus grand nombre.

Côté démocrate, colère contre le fossé qui se creuse inexorablement entre les très riches et les revenus moyens ; colère contre la stagnation du pouvoir d'achat et le coût de l'enseignement supérieur ; colère contre un système de santé qui ne protège toujours pas le plus grand nombre. À la fracture économique s'ajoute une fracture générationnelle, les plus jeunes dénonçant depuis la crise financière de 2008 et le mouvement Occupy Wall Street le centrisme d'un parti qui n'a pas su répondre à leurs indignations. Colère, ou en tout cas déception dans plusieurs segments de l'électorat vis-à-vis d'un Barack Obama qui n'a pas déployé la baguette magique qu'on lui prêtait avec tant d'attentes dès son premier mandat. Et c'est un vieux politicien marginal, Bernie Sanders, 74 ans, sénateur du Vermont, qui n'a rejoint le parti démocrate qu'un an auparavant et se proclame socialiste, qui va exalter ce rejet du système et longtemps embarrasser celle qui l'incarne jusqu'à la caricature, Hillary Clinton.

Côté républicain, colère contre une évolution démographique qui affaiblit la majorité blanche au profit des Hispaniques et des Noirs, qui ont même, pendant huit ans, eu leur représentant à la Maison-Blanche. Colère à l'égard d'une immigration qui ébranle le sentiment identitaire. Colère contre le bouleversement des valeurs, les déchirures d'un tissu social où l'individualisme, arme à la ceinture, passe par le respect de la Constitution. Colère contre une mondialisation qui mine la petite entreprise, qui menace l'exceptionnalisme américain et remet en cause la mission d'un pays considéré par beaucoup de ses citoyens comme choisi par Dieu pour guider le monde.

Le processus de sélection du président des États-Unis, mis en place par les pères fondateurs de la République, n'a guère varié depuis la fin du XVIIIe siècle. Pour paraître archaïque et inutilement complexe – une élection indirecte en plusieurs étapes, passant par des délégués choisis selon des règles différentes suivant les États –, il répond à la préoccupation première des rédacteurs de *The Federalist Papers*, à l'origine de la Constitution de 1787 : empêcher un démagogue d'accéder au pouvoir suprême. Il convient donc d'imposer le filtrage des candidats par les élites et d'élire un sage, précise l'article 10, quelqu'un qui comprend mieux l'intérêt général et saura décider du bien commun au-delà de la simple volonté populaire. Pour garantir l'équilibre et la séparation des pouvoirs chers à Montesquieu, le cycle électoral est très court : tous les deux ans pour le renouvellement partiel du Congrès, tous les quatre ans pour la présidence.

Qui sera le « sage » que le peuple américain choisira le 8 novembre 2016 ? Donald Trump, qui se flatte d'incarner sans filtre la volonté du peuple, ou Hillary Clinton, qui entend au contraire la transformer au mieux de sa propre expérience ?

« Hillary pour l'Amérique ! » Son prénom semble suffire à la candidate démocrate pour promettre au pays un nouvel élan, fondé sur son expérience exceptionnelle et sur l'héritage de son prédécesseur, Barack Obama. « Rendons à l'Amérique sa grandeur ! » propose le candidat républicain qui dit avoir tout réussi dans la vie et ne rien vouloir garder du système en place, surtout pas les préceptes de son propre camp – un message étrangement parallèle à celui du trublion démocrate Bernie Sanders.

Hillary dénonce la xénophobie, la misogynie, la violence de son adversaire. Donald l'accuse de malhonnêteté, d'incompétence et d'impuissance à refréner les frasques sexuelles de son époux.

La continuité ou la rupture ? L'expérience ou l'aventure ? Les deux champions s'affrontent. Les coups

13

pleuvent, les invectives, les accusations, les anathèmes s'amoncellent.

Quelle qu'en soit l'issue, le duel aura été meurtrier. Hillary Clinton et Donald Trump auront accompli un chemin épuisant, révélateur d'eux-mêmes et plus encore des Américains d'aujourd'hui.

1

« The Donald » en campagne

La femme ajuste avec précaution son châle sur les genoux de l'homme au regard mort. L'officier du Secret Service, le fil de l'oreillette enfoui dans son gilet pare-balles, l'a pris en pitié et lui a offert une chaise devant le portique de sécurité prêt à filtrer la foule. La bise est cruelle, il fait moins 8 degrés en ce mois de janvier 2016 et la queue s'allonge aux portes du grand bâtiment en brique rouge abritant les services administratifs de l'université Drake à Des Moines, capitale de l'Iowa. Le tout premier scrutin de la campagne présidentielle doit avoir lieu dans cet État – c'est la tradition depuis 1972 –, et il ne reste aux candidats que trois jours pour convaincre.

On attend Donald Trump. Les panneaux annonçant sa venue ont été plantés à la hâte dans la pelouse gelée. L'homme au regard mort est arrivé parmi les premiers. Il est un rescapé de la guerre d'Irak, treize éclats dans la tête depuis Kirkouk et une vie en lambeaux. « M. Trump nous a sauvés ! s'écrie la femme à qui veut l'entendre. Il est généreux, il va sauver l'Amérique ! »

Quittant en octobre dernier Sioux City, la petite ville de l'ouest de l'Iowa où ils venaient de perdre leur logement, raconte-t-elle, ils étaient allés se distraire en assistant à un enregistrement de « The Apprentice », l'émission de téléréalité animée à l'époque par le milliardaire new-yorkais. Trump avait remarqué l'homme au regard mort, écouté leur histoire, pris en charge ses soins médicaux et remboursé leurs dettes. Depuis qu'il fait campagne dans l'Iowa, ils le suivent partout, c'est bien la moindre des choses ! s'exclame la femme, approuvée à grand bruit par le petit groupe qui s'est agglutiné autour d'eux. Des gens à l'allure plutôt modeste, d'âge mur, et quelques étudiants qui trompent le froid en s'envoyant des bourrades. Serrant contre elle son caniche nain, une élégante en fourrure affirme être venue exprès de Floride pour suivre Donald Trump, son héros – elle le connaît personnellement ! lance-t-elle sans susciter l'intérêt escompté.

Beaucoup de militaires à la retraite sont là, battant la semelle, casquette siglée aux couleurs du drapeau. Ils ne sont pas bavards. Sanglé dans son blouson de cuir de l'US Air Force, l'un d'eux résume leur état d'esprit : « Trump est l'homme qu'il nous faut. Lui n'hésitera pas à renforcer l'armée. On a besoin d'une armée puissante. On ne veut plus se laisser faire. » Se laisser faire par qui ? Il refuse de répondre. Son fils sert en Afghanistan, pilote lui aussi.

Un géant à gros ventre brandit au bout d'une pancarte l'immense photo d'un cow-boy à large feutre, bannière étoilée au poing : « The Constitution martyr ! » précise la légende. Il s'agit du militant armé de l'Oregon qui refusait de céder des terres à l'État fédéral et qui a été abattu le matin même par le FBI. « Un vrai patriote, un véritable Américain ! » répète l'homme essayant d'attirer l'attention des caméras. Soutenu par des éleveurs de bétail, des fermiers et des militants anti-Washington, armes à la main et Dieu en bandoulière, le mouvement de l'Oregon fournit depuis plusieurs jours aux télévisions les images et les stéréotypes chers à la droite dure.

Enfin la foule s'ébranle. L'auditorium sera vite comble, il faudra refuser du monde. Fébriles, les équipes de télévision installent leurs trépieds tandis que les organisateurs rudoient la presse étrangère. « Rien à foutre ! On fait pas ça pour vous ! Place aux vétérans ! »

Donald Trump a réussi son coup. Boudant ce soir-là le dernier débat républicain organisé par Fox News avant le scrutin, il a invité les associations d'anciens combattants et promis de lever des fonds à leur intention. Il y a plus de caméras ici qu'au centre de conférences où la chaîne préférée de la droite américaine a vu les choses en grand. L'audience n'est-elle pas garantie dès que « The Donald », comme le surnomme la presse américaine, se déchaîne contre ses rivaux ?

Seulement voilà. Trump n'a pas aimé la campagne de promotion déclenchée par Fox, et il apprécie encore moins Megyn Kelly, la journaliste vedette, belle blonde au professionnalisme reconnu, qui l'avait interrogé sans ménagements lors du débat précédent en août 2015. Mettant en cause l'habitude du candidat de commenter sur Twitter les attributs de ses interlocutrices, elle lui avait lancé :

« Les femmes que vous n'appréciez pas, vous les avez traitées de grosses truies, de chiennes, de baveuses et d'animaux dégoûtants. Êtes-vous bien sûr d'avoir l'étoffe d'un président ?

— J'adore les femmes ! » avait-il répondu platement.

Le lendemain, il accusait la journaliste de chercher à faire couler le sang et faisait allusion, avec une vulgarité et une misogynie sans pareilles, aux menstruations féminines. « Bon, d'accord, je ne dirais pas que c'est une bimbo... C'est juste un poids plume ! Les gens de la télé ne peuvent pas jouer avec moi comme avec les autres. Vous verrez les scores. Pourquoi devrais-je leur faire gagner de l'argent avec leurs spots de pub de merde quand il n'y a que moi qui fais de l'audience ? »

Le pari est osé, les commentateurs s'interrogent : comment les électeurs de l'Iowa vont-ils interpréter la manœuvre ?

Pour le moment, dans l'auditorium de l'université, place au patriotisme et à la prière. Vétérans et militants se calent dans leurs fauteuils. Sur l'estrade, une immense bannière déploie le slogan : « Make America Great Again ! » De part et d'autre, les drapeaux des États-Unis et de l'Iowa. Bientôt des jeunes en uniforme des trois armes viennent saluer les couleurs. On se lève pour l'hymne national. Un pasteur monte à la tribune et invoque l'aide de Dieu pour la victoire. « J'ai voté McCain, cette fois-ci je vote Trump car les autres ont vendu leur âme au diable ! Les murailles morales et politiques de notre nation sont en train de s'écrouler ! » L'auditoire applaudit – des hommes, en majorité, empâtés avec l'âge, certains revêtus du T-shirt au visage de leur nouveau héros que des vendeurs malins proposent à 25 dollars à l'entrée des meetings. Il n'y a là que des Blancs – l'Iowa compte peu de minorités ethniques, et leurs représentants ne sont pas là.

The Donald se fait attendre. CNN a décidé de retransmettre la manifestation, autant démarrer en même temps que Fox pour mieux torpiller le débat concurrent.

La jeune femme qui pilote le comité de soutien du milliardaire dans l'Iowa prend la parole : « Laissez-moi vous parler du M. Trump que je connais – le vrai, pas la caricature que trimballent les médias : il est bon père, bon mari, il ne boit pas et ne prend pas de stimulants. C'est un négociateur hors pair, il sait comment créer des emplois ! Avec lui, on sera à nouveau respectés ! Il est le seul qui peut battre la machinerie Clinton ! Le seul qui connaît les chiffres, le seul qui sait ce que veut dire une dette nationale de 1 trillion de dollars ! Le seul qui ne peut pas être acheté ! Mobilisez-vous, vous êtes la majorité qui s'exprime, allez voter ! »

Enfin, il arrive. Ovation, la salle entonne le *Pledge of Allegiance* – le serment de fidélité à l'Union que tout Américain récite la main sur le cœur.

Sans notes, comme s'il engageait la conversation avec chacun, l'homme d'affaires new-yorkais se lance, à bâtons rompus, dans un long monologue. « Nous sommes là pour aider ceux qui se sacrifient pour nous ! Hommage à nos héros ! Vous allez voir, on va lever beaucoup d'argent ! Moi, j'aime l'argent, j'adore l'argent. Pendant longtemps j'ai voulu en gagner plein, vraiment plein ; maintenant, je veux faire gagner l'Amérique. Ce soir, moi, je donne 1 million de dollars. Oui, 1 million de dollars, moi, Donald Trump. Moi, dans cette campagne, je dépense mon propre argent, pas celui de ces richards qui ne pensent qu'à eux ! Vous verrez, je serai le plus grand président créateur d'emplois que Dieu ait jamais conçu. Je suis le meilleur ! Ma femme est là… Viens chérie, montre-toi, viens sur scène ! » Melania, sa troisième épouse, ancien mannequin d'origine slovène, s'exécute et salue mécaniquement la salle. « Elle est belle, hein !

reprend le candidat. Et j'ai beaucoup d'amis très riches qui vont nous aider ce soir. Tiens, j'en vois un là, au premier rang. Viens, monte ! Ta très jolie femme aussi ! Voilà un homme qui a su faire une énorme fortune ! Je l'enverrais bien chez les Chinois, comme ambassadeur, pour qu'ils voient qu'on n'est pas des fillettes, ça les changera... Qu'en pensez-vous ? D'accord ? Et puis j'annulerai ce deal stupide avec l'Iran. Vous vous rendez compte ! On leur lâche tout, on lève les sanctions, et la première chose qu'ils font, au lieu d'acheter américain, ils commandent des Airbus ! Des avions européens ! Le pays est si mal géré, quelle catastrophe, quelle décadence !... Mais je sens tant de ferveur et d'amour ce soir ici ! Tant d'amour ! » Enthousiaste, la salle scande : « USA, USA ! »

« Lui, au moins, il dépense son propre argent pour venir nous parler, murmure Burt, à la tête d'une petite entreprise mécanique. Voilà un type qui a tout réussi, qui ne doit rien à personne, et qui dit ce qu'il pense ! Pas comme tous ces politiciens pourris qui nous font des promesses et qui ne savent pas de quoi ils parlent ! » Encouragé par sa femme, il se livre à quelques confidences : « Moi, je n'y arrive plus. Comment voulez-vous résister à ces Chinois qui nous inondent de leur camelote ! J'avais douze personnes qui travaillaient pour moi, j'ai dû en licencier la moitié. Certains de mes gars vivent dans des mobile homes, par ce froid, vous vous rendez compte ! Ils n'arrivent plus à joindre les deux bouts. Et ma femme râle parce qu'on ne part plus en vacances, même pas un week-end. C'est bien beau, le libre-échange, tous ces traités commerciaux qui n'avantagent que les grandes boîtes ! Plusieurs fois j'ai tenté d'expliquer ça au responsable du parti républicain de ma région, j'ai même essayé d'avoir un rendez-vous avec le sénateur… Pensez-vous ! Ils n'en ont rien à foutre, eux, ils sont bien au chaud, à Washington. Oui, moi j'ai la rage. Et je sais que Donald, lui, comprend ce qui arrive à des types comme moi. »

Son épouse opine, et rhabille leurs deux petites filles vêtues pour l'occasion de robes à frou-frou aux couleurs du drapeau étoilé. Un barbu d'un certain âge, veste de tweed et pantalon de velours, flanqué d'une jeune femme endimanchée aux cheveux platine, bouscule bruyamment un cameraman : « Dégage… J'aime pas les médias. Pas confiance. Tous des menteurs… » Le pasteur qui avait ouvert les bans distribue quelques tracts pour sa paroisse et vante son émission de radio dominicale : « Je vais prier pour Trump. Et pour sa famille ! Que Dieu les bénisse ! Il fait du bien à l'Amérique. »

L'assistance se disperse à regret.

Trump affirmera avoir récolté ce soir-là 6 millions de dollars pour les anciens combattants. Quelques mois plus tard, une enquête du *Washington Post* mettra en doute le montant et surtout la distribution effective des fonds.

Le surlendemain, à Council Bluffs, dans l'ouest de l'Iowa, ville prospère séparée du Nebraska par le fleuve Missouri, changement de registre. On est à la veille du scrutin. Il fait beau, la queue est longue devant le lycée où se tiendra le meeting. La presse étrangère est refoulée sans aménité, tout comme les médias jugés hostiles au candidat, à commencer par le *Des Moines Register*, le grand quotidien local qui n'a pas endossé sa candidature.

Debbie, inspectrice d'académie, la cinquantaine opulente, fait volontiers part de ses sentiments : « Je ne sais pas encore pour qui je vais voter, mais je penche plutôt pour Trump. Pourquoi ? Je suis inquiète des menaces sur notre Constitution, sur le droit de porter des armes… C'est quand même le deuxième amendement ! Il faut qu'on s'accroche à nos fusils et à notre Bible ! » Comme la majorité des habitants de l'Iowa, elle appartient à l'Église évangélique, la plus conservatrice des églises protestantes. Elle écoute régulièrement Steve Deace, l'animateur d'une radio locale, fervent soutien de Trump, qui prêche à en perdre haleine pour « un président qui défendrait enfin la liberté religieuse, qui se battrait contre le djihad arc-en-ciel des homosexuels, contre les immigrants, contre les terroristes »… Elle est tout à fait d'accord avec ce programme – elle avait soutenu en leur temps un couple qui gérait une salle de mariage privée dans la région et qui avait refusé d'organiser une union gay.

Venue d'Omaha, la ville jumelle de l'autre côté du fleuve, Amy ne le cache pas : elle est là pour le spectacle : « Trump, je l'aime bien depuis que j'ai suivi son émission télé. Dix ans, "The Apprentice" ! Et puis il dit ce qu'il pense, il dit tout haut ce qu'on n'ose pas dire nous. » Le mari, petit patron dans le bâtiment, l'interrompt, il a de meilleurs arguments : « C'est un type qui sait ce que c'est que la réussite. Il sait faire tourner une boîte, il saura faire tourner l'Amérique. On en a besoin. Le pays va à vau-l'eau. » Comment donc ? L'économie n'a-t-elle pas redémarré, le chômage n'est-il pas à la baisse, aux alentours de 5 % seulement ? « Vous voulez rire ! C'est vrai pour les gros, pas pour les petits comme moi ! Les chiffres sont faux, on nous ment, comme d'habitude. » « Trump ? Il représente le rêve américain ! On a besoin d'un vrai patron, pas d'un politicien en chef – ceux-là, on n'en veut plus », assène un gros homme barbu arborant un T-shirt provocateur « J'adore mon empreinte carbone ! ». Dans la foulée, il s'achète une casquette rouge vif siglée Trump à 20 dollars mais résiste au pin's « Bombardons Daech ».

Le candidat sait à quel point la religion imprègne ici la vie quotidienne, et il a invité un interlocuteur au patronyme qui vaut son pesant de prières et de voix : Jerry Falwell Jr., le fils du prédicateur baptiste de Virginie qui, dès la fin des années 1950, avait compris le pouvoir croissant de la radio et de la télévision. Non content de prêcher contre la déségrégation raciale et Martin Luther King, le père Falwell avait fondé à Lynchburg la Liberty Christian Academy, la plus grande université chrétienne du monde, dont le fils est maintenant l'heureux propriétaire. Mais il n'a pas hérité de son don oratoire.

« Voilà, j'étais en train de nourrir les chevaux, ce matin en Virginie, et j'ai reçu un appel de M. Trump. C'est sympa d'être avec lui. Le pays est en faillite, lui seul sait comment le réparer. C'est un homme généreux, on ne peut pas l'acheter. Il dit tant de choses qui ne sont pas politiquement correctes, en fait il dit ce qu'il pense, pas besoin de consultants. » Debout, la foule applaudit mollement. « Mon père a été critiqué quand il a apporté son soutien à Ronald Reagan contre Jimmy Carter, pourtant baptiste lui aussi – eh bien moi, je soutiens Donald Trump ! »

Costume bleu, cravate rouge, les cheveux blonds lustrés vers l'avant, le candidat fait son entrée sur une chanson d'Adele, « Rolling in the Deep » – la Britannique en interdira bientôt l'usage, elle sera remplacée par Pavarotti et Puccini. Ovation. Trump s'assied à côté de Falwell et comme à son habitude, négligeant son pâle interlocuteur, engage la conversation avec la salle.

« Je serai le premier président républicain depuis Reagan à ne pas trahir mes promesses. Tous les autres ont trahi. On construira un mur pour empêcher les migrants d'entrer dans le pays, et on chassera les onze millions d'illégaux... Tous ! Les onze millions ! Les Mexicains, on les connaît ! On nous envoie les violeurs et les voleurs. Ne vous en faites pas, moi je construirai un mur, un très beau mur, un mur magnifique tout le long de la frontière, et vous savez quoi ? Je le ferai payer par le Mexique ! » La foule rugit d'approbation. « On a foiré au Moyen-Orient. Maintenant on a des migrations massives, regardez le bordel en Allemagne. Bruxelles ressemble à un camp retranché. Il n'y a qu'à créer une zone sécurisée en Syrie, c'est aux pays du Golfe de faire la guerre contre Daech. Les migrants, on les a laissés entrer par milliers, on ne sait pas qui ils sont, ils doivent repartir ! Pas de musulmans ici ! » Applaudissements. « J'ai raison ? Bien sûr que j'ai raison. Pas besoin que je dépense un dollar en sondages d'opinion, les médias le font pour moi ! Jour après jour ! Vous savez quoi ? Je suis premier dans toutes les catégories, sauf la personnalité. Ça me fait rire. Vous savez ce que dit de moi Ted Cruz ? Il est tellement malhonnête, celui-là. Un menteur. Il dit que je suis pour la réforme de santé d'Obama ! Lui, il joue à Robin des Bois, il oublie de dire qu'il a reçu des prêts de la banque de sa femme et qu'il est né au Canada ! Trop malhonnête ! Comme la presse : les gens les plus malhonnêtes que je connaisse. Mais celui qui va voter Trump, lui, c'est le plus loyal ! Et puis je vous donne un conseil : depuis seize ans, vous, dans l'Iowa, vous n'avez pas élu un seul gagnant. Arrêtez de jouer perdant ! Bon, ça va, je vous adore ! » Il se lève. « Ensemble, on va restaurer la grandeur de l'Amérique ! » Une voix hurle dans la salle : « Je t'aime, Donald ! » Trump : « D'accord, c'est un mec, mais tant pis ! Je t'aime aussi ! »

La foule éclate de rire. The Donald a réussi son show.

Trump va pourtant perdre la primaire de l'Iowa, distancé par Ted Cruz, fils de pasteur évangélique, plus en phase avec l'électorat religieux. Quelques jours plus tard, cette première défaite sera effacée par un coup d'éclat : le magnat de l'immobilier gagnera haut la main la primaire du New Hampshire – ce petit État du Nord-Est où l'on aime à penser qu'on y désigne toujours les finalistes du duel présidentiel.

La candidature de Donald Trump a cessé d'être une farce. En cascade, de mois en mois, d'État en État, les élections au sein du camp républicain vont confirmer son ascension. Jeb Bush, l'héritier d'une dynastie qui a pourtant donné deux présidents à son camp et dépensé pour sa campagne plus de 100 millions de dollars, va douloureusement s'incliner. Il apportera à contrecœur son soutien à Ted Cruz, le sénateur du Texas – l'un des rares grands États à ne pas tomber dans l'escarcelle du milliardaire. Marco Rubio, le jeune sénateur de Floride, désigné trop tôt par l'élite du parti comme un recours possible contre le New-Yorkais, subira l'affront de perdre dans son propre État et abandonnera la compétition.

La Caroline du Sud, le Nevada, l'Alabama, l'Arkansas, la Géorgie, le Massachusetts, le Tennessee, le Vermont, la Virginie, le Kentucky, la Louisiane, Hawaii, le Michigan, le Mississippi, la Floride, l'Illinois, le Missouri, la Caroline du Nord, l'Arizona, New York, le Connecticut, le Delaware, le Maryland, la Pennsylvanie, Rhode Island, l'Indiana, le Nebraska, la Virginie-Occidentale, l'Oregon, l'État de Washington, la Californie, le Dakota du Sud, le Montana, le New Jersey, le Nouveau-Mexique : l'un après l'autre, la majorité des scrutins républicains seront gagnés par « Mogul » – le nom de code choisi par les services secrets qui assurent désormais sa protection rapprochée.

Donald Trump réussit à éliminer les seize candidats qui revendiquaient l'investiture du « Grand Old Party », le GOP, pour l'élection présidentielle de 2016, dont cinq sénateurs – quatre toujours en exercice – et neuf gouverneurs – quatre encore en place.

Partout, l'équipe de campagne du magnat de l'immobilier applique la même stratégie : pas de matraquage coûteux sur les chaînes de télévision locales – inutile, l'emballement médiatique est tel que la publicité est gratuite. Pas de discours formatés, ni même adaptés aux problématiques régionales : l'homme d'affaires est un maître bonimenteur, rompu aux techniques de la scène et du reality-show, à son meilleur quand il livre sans filtre ni ponctuation, avec le même vocabulaire que son auditoire, un argumentaire de comptoir ou de cuisine familiale.

En revanche, multiplication des réunions dans des villes dont aucun candidat ne se préoccupait jusque-là – les bassins de ces petits Blancs, frappés par la désindustrialisation, incapables de payer à leurs enfants des études supérieures, hantés par le décrochage social et la fin d'un rêve américain qui, depuis la Seconde Guerre mondiale, avait assuré la prospérité des générations antérieures. Un fumet de racisme à peine masqué, la dénonciation des minorités à la démographie menaçante, Hispaniques en tête, illégaux de surcroît, la peur de l'autre, l'ignorance de l'étranger, la méfiance traditionnelle vis-à-vis d'une capitale fédérale investie depuis deux mandats par un président noir : tel est le cocktail dont le magnat de l'immobilier, as du marketing, a pressenti la capacité d'enivrement et de défoulement collectifs. Son impact est d'autant plus large que les partis politiques américains sont ouverts : pas besoin d'être militant, il suffit d'être inscrit sur les listes électorales pour voter aux primaires.

Depuis l'annonce de sa candidature en juin 2015, à la stupéfaction des experts, des sondeurs et autres piliers du système médiatique qui le tournaient en dérision, les laissés-pour-compte de l'Amérique profonde ont compris qu'ils avaient trouvé leur champion. Pourtant, que de contradictions ! Comment s'accommodent-ils d'un milliardaire au train de vie ostentatoire qui a apposé son nom aux gratte-ciels et aux golfs de luxe dans tout le pays ? Lui au moins prouve qu'on peut encore réussir en Amérique, rétorquent ses partisans. Et c'est son propre argent qu'il dépense dans la campagne des primaires, pas celui des richissimes donateurs qui, depuis « Citizens United », l'arrêt de la Cour suprême de 2010,

27

peuvent additionner leurs contributions et peser ainsi, à coups de millions de dollars, sur le candidat de leur choix. Divorcé deux fois, séducteur de casino dont les frasques ont fait la une des tabloïds new-yorkais, pas vraiment un parangon de vertu ni un pilier de baptistère – comment The Donald peut-il convaincre un électorat républicain pétri de religiosité et de bigoterie ? En jouant la carte de la virilité, en flattant le machisme, antidotes à cette dérive vers l'homosexualité, à la dépravation des mœurs dénoncées à longueur de temps par les radios conservatrices, en mettant en scène l'unité d'une famille plusieurs fois recomposée – une femme spectaculaire, de beaux enfants et même une fille enceinte dont il souhaite, à chaque fois, qu'elle accouche là où il veut récolter des voix. Débarquant en fanfare de son Boeing personnel frappé à ses couleurs, The Donald a entrepris de conquérir l'Amérique.

Jusqu'à la primaire du Wisconsin, début avril, rien ni personne ne paraît en mesure d'enrayer le phénomène. Son seul rival, Ted Cruz, qui l'emporte haut la main dans cet État grâce à son ancrage dans le courant évangélique le plus conservateur, n'a arithmétiquement aucune chance de rattraper son retard.

Le sénateur du Texas a beau appeler au rassemblement autour de sa personne, il demeure, surtout parmi ses pairs, l'homme politique le plus détesté du sérail. Son conservatisme rigide, son refus du compromis, son brio intellectuel et son absence totale de scrupules en ont fait le mouton noir du parti républicain. « Trump ou Cruz ? La peste ou le choléra ! » grommellent la plupart des dirigeants, sommés de choisir leur camp, effarés à l'idée des répercussions sur les élections de novembre. Le système est tel qu'elles décideront aussi, selon les États, de l'attribution de plusieurs sièges de sénateurs, de représentants, de gouverneurs et de nombreux postes électifs – les rapports de force politiques, à Washington et ailleurs, seront ainsi figés pour les deux ans suivants.

Depuis le New Hampshire jusqu'à la Californie, le dernier État avant Washington DC à confirmer en juin son tour de force politique, The Donald continue à attiser les colères et la violence latentes, à gonfler la déferlante populiste qui s'est abattue sur les États-Unis, à libérer la parole et fustiger le système, transformant en profondeur l'un des deux grands partis qui rythment la vie de la République depuis sa fondation – un parti dont il n'a jamais été militant et dont il ne respecte aucun code.

2

Hillary… et Bernie

« Christine,
J'aurais préféré que la soirée se passe autrement. Mais je sais ce que c'est d'être à terre. Et je sais d'expérience que c'est à ce moment-là qu'il faut se relever. Je suis prête à continuer le combat. Si tu es avec moi, envoie-moi un dollar ! »

En ce début février 2016, Hillary Clinton vient de perdre la primaire démocrate du New Hampshire, et la défaite est sévère : dans ce petit État du Nord-Est qui l'avait préférée à Obama dans la compétition de 2008, Bernie Sanders l'a emporté avec vingt-deux points d'écart.

« Christine,
Nous venons de gagner le NH. Il reste quatorze scrutins à remporter dans les prochaines semaines. Je sais que la riposte de l'oligarchie financière et politique va être brutale. Envoie-nous 3 dollars ! On va gagner la nomination, on va gagner la Maison-Blanche et arracher le pays à la caste des milliardaires !

En solidarité, Bernie Sanders. »

Une fois que vous êtes accrédité à suivre tel ou tel candidat, voilà le genre d'appel que vous recevez sur votre messagerie. Ou encore celui-ci, signé Chelsea Clinton : « Ma maman peut-elle compter sur toi ? Elle travaille si dur pour que ta vie s'améliore ! Donne un dollar ! » Bill vous écrit à son tour : « J'ai étudié le parcours de tous nos présidents… Hillary est la personne la plus qualifiée, je sais qu'elle sera un président exceptionnel. Christine, envoie un dollar ! »

La première surprise passée, on s'habitue. En Amérique, la campagne électorale dure dix mois, couvre la moitié d'un continent et n'est encadrée par aucun système de plafonnement financier. Tous les candidats, sauf Donald Trump qui s'est longtemps flatté de dépenser ses propres deniers, ont le droit de faire appel à la générosité citoyenne comme au soutien sans limites du secteur privé.

Dans le camp démocrate, jamais on n'a autant parlé d'argent. Jamais non plus la course à l'investiture n'a duré aussi longtemps même si, sur le papier, l'un des deux candidats dispose depuis des mois du nombre de délégués requis.

Au pouvoir depuis 2008, au terme des deux mandats de Barack Obama, le parti démocrate est en pleine guerre civile.

Au départ, Hillary Clinton paraissait imbattable. Forte d'une expérience de trente-cinq ans dans la vie publique, de ses réseaux, de la popularité retrouvée de son époux, épaulée par une équipe qui avait tiré les leçons de sa défaite face à Barack Obama, la candidate démocrate s'élançait avec un pactole de 110 millions de dollars. Dès avril 2015, elle annonçait dans une vidéo sur YouTube : « Je suis prête ! » et commençait une tournée en autocar. L'objectif annoncé : rencontrer et écouter en toute humilité « les vraies gens » avec des arrêts soigneusement mis en scène dans quelques hauts lieux de l'Amérique profonde – stations-service, restaurants d'autoroute, sorties d'écoles.

Déjà les commentateurs soupiraient d'ennui : si prévisible, cette campagne, si déséquilibrée entre les trois candidats à l'investiture – Martin O'Malley, un ancien gouverneur du Maryland sans relief, Bernie Sanders, un sénateur du Vermont inscrit au parti depuis un an seulement, sans palmarès législatif notable, et Hillary, l'ancienne secrétaire d'État, l'ancienne sénatrice, l'ancienne première dame, et un prénom qui se suffit à lui-même d'un bout à l'autre de la planète.

Dès leur premier débat télévisé d'octobre 2015, enregistré à Las Vegas, les jeux semblent faits tant son assurance et sa maîtrise des sujets éclipsent ses concurrents.

C'est pourtant là que le scénario prévu commence à se dérégler.

« Comment comptez-vous gouverner un pays où l'opposition républicaine bloque le système et refuse tout compromis, comme on l'a vérifié avec l'administration Obama ? » La question d'un militant dans la salle s'adresse à Bernie Sanders. Voûté, les bras en avant, le verbe véhément et le cheveu blanc ébouriffé, le sénateur ne s'embarrasse pas d'un argumentaire construit. Ce qu'il fait entendre, c'est un message d'espoir. « Si par millions les jeunes, les travailleurs se rassemblent pour exiger la gratuité de l'enseignement supérieur, le doublement du salaire minimum, alors les républicains lâcheront prise ! Ils n'auront plus le contrôle du Congrès ! » Toute précision ou explication paraît inutile. « Oui je suis socialiste ! s'exclame-t-il. Je suis social-démocrate ! » Les animateurs du débat sursautent, échangeant des sourires entendus tant le mot est tabou dans le lexique politique américain.

À son tour, Hillary Clinton, posée, souriante, collier fantaisie et tailleur-pantalon bleu marine, explique ses intentions : forte de son expérience, elle sera capable de forger des compromis au Congrès avec ses opposants républicains, de faire passer des lois, on connaît sa ténacité. Quand on lui demande si elle se range parmi les modérés ou les progressistes, elle répond : « Je suis une progressiste qui aime le concret. »

L'espoir ou l'expérience ? Les promesses ou les explications ? Les envolées ou les raisonnements ? Des premières semaines de campagne dans l'Iowa jusqu'à la convention de Philadelphie fin juillet, ces interrogations n'ont cessé d'agiter et de diviser le camp démocrate.

En ce mois de janvier 2016, une foule bon enfant se presse dans la grande bibliothèque de la River High School de Mason City, petite ville du nord de l'Iowa assoupie entre ses nombreuses églises de toutes obédiences, son funérarium et les supermarchés de la périphérie.

« Bernie ? Un socialiste à la française ? Tu rigoles ! C'est un mec sérieux… Regarde tout ce monde ! » Le gentil garçon qui s'efforce de me dénicher une chaise dans la bousculade ambiante ne comprend pas mon éclat de rire. « Un avenir auquel on croit ! » proclame la bannière tendue derrière l'estrade qui va accueillir le héros du jour. La bande son diffuse en boucle « Power to the People », la chanson de John Lennon qui a bercé plus d'une génération. Ils sont tous blancs – caucasiens,

comme on dit ici –, beaucoup de jeunes et de moins
jeunes, en jeans et gros anoraks, l'allure un peu lasse
de ceux qui aimeraient encore y croire.

Ils guettent l'arrivée de celui que personne n'attendait
et qui depuis quelques semaines bouleverse la donne
dans le camp démocrate : Bernie Sanders.

« Ce type touche les gens quelque part... Regarde
comme ils ont l'air contents d'être là, ensemble. Tu
ne vois pas ça dans les meetings des autres candidats.
Ici, il y a de l'énergie... », confie un vieux cameraman
d'Associated Press, vétéran des campagnes électorales.

Un jeune homme se présente à la tribune : « Je suis un
pasteur de l'United Church of Christ. Je sais, je suis jeune,
je suis né en 1995 et je suis fier d'appartenir à la génération des "Millennials". Je lance un appel à tous les chrétiens ici ce soir. On voit comment les riches deviennent
de plus en plus riches, et comment être pauvre dans ce
pays devient vraiment trop cher. Le moment est venu :
la révolution pour le peuple ! »

Une femme décoiffée au visage vaguement familier
lui succède : « Je m'appelle Susan Sarandon. Je suis
une militante et une actrice. J'étais ici pour Barack
Obama. Nous voici à nouveau confrontés à la machine
Hillary. Qu'elle soit une femme, on s'en fout, ce sont
les enjeux qui comptent. On en a assez d'être à la merci
de Monsanto, des groupes pharmaceutiques et de la
haute finance ! Heureusement nous avons maintenant
avec nous quelqu'un qui par miracle est un pur : Bernie
Sanders ! »

Sous les acclamations, le candidat fait une entrée de
rock star. Grand, voûté, cheveux gris, lunettes, costume
fripé, sans cravate, la voix éraillée par la campagne, il

se lance dans un discours sans notes, interminable, et ses partisans ne s'en lassent pas : « Oui, j'ose le dire, je suis socialiste, je suis un social-démocrate. Nous nous battons contre Wall Street, contre l'élite politique, contre l'élite médiatique, contre les pouvoirs en place. C'est notre devoir pour reconstruire le pays que notre peuple mérite... Si vous voulez le changement, il faut vous battre ! Qui en Amérique aurait pensé que nous pouvions faire peur aux milliardaires ? »

La salle rugit de bonheur. Ici chacun, ou presque, a contribué au financement de la campagne en envoyant quelques dollars. « Qui en Amérique pensait que nous pouvions rassembler en quelques mois 2,5 millions de dollars, uniquement des contributions individuelles – pas un sou de Wall Street, des grandes entreprises –, plus que n'importe quelle campagne dans l'histoire de ce pays ? » reprend Sanders. « Savez-vous que ce soir Hillary est à Philadelphie à l'invitation d'un gros fonds d'investissement ! » Sifflements dans la salle. « C'est pas bien ! » lance une voix derrière nous. « Nous, nous menons une campagne toute simple, transparente. Il faut une redistribution massive de la richesse dans ce pays en faveur des travailleurs et de la classe moyenne. Le dixième de 1 % de la population possède plus que les 90 % ! C'est une honte ! Vingt individus sont plus riches que cent cinquante millions d'Américains réunis ! » « C'est pas bien ! » gronde la voix. « Êtes-vous prêts pour une idée révolutionnaire ? » lance Sanders, les bras tendus vers la salle, qui crie son approbation. « Eh bien, faisons en sorte que l'économie profite au plus grand nombre ! Investissons dans l'emploi, l'éducation, plutôt que dans le système carcéral qui détient plus de jeunes pour une dose de crack que de banquiers félons ! Il faut un programme massif au niveau fédéral. Doublons le salaire minimum ! À 7,25 dollars, c'est un salaire de famine, portons-le à 15 dollars de l'heure ! » Tonnerre d'applaudissements.

Sanders s'éponge le front, boit un verre d'eau. Comment financer toutes ces promesses ? Les militants ne veulent pas d'un cours d'économie, ni d'une leçon de réalisme.

« Comment on va faire ? C'est très simple, reprend Bernie. On va supprimer les paradis fiscaux dans les îles Caïmans et ailleurs, là où les grandes entreprises dissimulent leurs profits. Et on va les réinvestir là où il faut ! » La salle se lève, transportée. « Il faut supprimer les emprunts des étudiants qui s'endettent à vie pour payer leurs études supérieures ! Combien d'entre vous se sentent plombés ? » Une dizaine de bras se lèvent. « C'est pas bien ! » reprend la voix au fond de la salle. « Il faut généraliser la couverture santé. Elle vous coûte trop cher ! » « 5 000 dollars par an ! » lance une femme d'une voix aiguë. « C'est pas bien ! » entend-on en écho. « On va taxer Wall Street et la spéculation. C'est à Wall Street de financer la classe moyenne. Il faut aussi augmenter les impôts ! » Tout à coup, retour sur terre. Raclements de gorge, bruits de chaises. La crispation est perceptible. La réalité a repris quelques droits.

C'est une modeste salle de bowling à Adel, une bourgade proche de Des Moines, la capitale de l'Ohio : six aires de jeu, un coin bar, et de guingois, au mur, des publicités pour des marques de bière.

Brice, 27 ans, le propriétaire, visage poupin et blazer bleu, est nerveux. Journalistes et caméras occupent la moitié de l'espace, il faut sauvegarder les sièges prévus pour les notables du parti. Une centaine de personnes sont déjà là, debout – surtout des femmes, de mise modeste. La sono crachote quelques refrains country. On attend Hillary – « Madam Secretary », comme va la présenter le jeune homme tout intimidé, utilisant le titre officiel de l'ancienne secrétaire d'État de Barack Obama.

« Je félicite Brice pour son parcours et son engagement. Voilà un jeune entrepreneur qui prouve que le rêve américain reste accessible à sa génération. Il faut encourager, protéger la petite entreprise. Je suis prête. Si vous vous battez pour moi, je me battrai pour vous ! » Le petit groupe applaudit, tout ému de voir son héroïne d'aussi près. Micro à la main, énergique, Hillary Clinton se sent en confiance. Les organisateurs de sa campagne ont privilégié les réunions de ce genre, à petite échelle, pour mieux démontrer sa volonté d'être à l'écoute et une forme d'humilité qu'on ne lui reconnaît pas volontiers.

Elle n'a pas de bons souvenirs de l'Iowa. Quand elle s'est lancée à l'assaut de l'investiture démocrate en 2008, tous les pronostics annonçaient son triomphe dans ce premier caucus. Elle en est sortie troisième. « Atroce ! » écrit-elle sobrement dans ses Mémoires[1]. Depuis six ans, elle n'a plus mis les pieds dans cet État qui s'enorgueillit d'organiser la première consultation de la campagne présidentielle et qui, chaque été, ouvre

---

1. Hillary Clinton, *Hard Choices*, Simon & Schuster 2014 ; *Le Temps des décisions*, Fayard, 2014.

les festivités en installant une énorme vache en beurre à l'entrée de sa foire agricole.

« Comme vous, je veux l'égalité des salaires entre les femmes et les hommes. Comme vous, je veux une politique familiale plus ambitieuse, des congés maternité généralisés. Il faut que notre économie fonctionne mieux pour tous, et pas seulement pour les privilégiés. »

La candidate rode ses arguments. Il lui faut contrer ce rival démocrate qui attire les foules tout en évitant la confrontation. Son directeur de campagne, Robby Mook, natif du Vermont, connaît bien Bernie Sanders, la rhétorique et la forme d'éloquence que le sénateur est capable de déployer, et n'a pas été surpris par l'engouement qu'il suscite.

« Nous, nous vivons dans la réalité, reprend Hillary. Le président Obama n'a pas été suffisamment applaudi pour tout le travail accompli, la relance de l'économie après les désordres des républicains. Oui, il faut s'attaquer aux super-riches, ces énormes fortunes comme les frères Koch qui financent les causes conservatrices les plus rétrogrades. On ne va pas laisser Wall Street ruiner Main Street, permettre à la haute finance d'asphyxier les gens normaux... J'en parlais avec mon ami Warren Buffett, il me soutient à fond ! » L'assistance applaudit.

Tout le monde ici sait qui est Buffett, ce multimilliardaire de 87 ans, fidèle de la famille Clinton et du parti démocrate, qui fut parmi les premiers à annoncer officiellement son soutien à Hillary. Président du conglomérat Berkshire Hathaway, il réunit chaque année dans sa ville natale quarante mille admirateurs avides de recueillir ses conseils en matière d'investissements. À cette occasion, une vente aux enchères, dont le fruit est reversé à des organisations humanitaires, propose traditionnellement un déjeuner avec l'« oracle d'Omaha ». En septembre 2015, le gagnant a ainsi offert près de 3,5 millions de dollars pour pouvoir partager avec sept de ses amis le menu du Smith & Wollensky Steakhouse à Manhattan où est organisé le rituel. On ne connaît pas son identité – l'homme d'affaires a simplement précisé qu'il s'agit d'une femme.

« Faites-moi confiance, mon plan pour poursuivre Wall Street et ses excès est féroce ! poursuit la candidate. La preuve : les républicains m'attaquent sur la question, c'est flatteur et pervers à la fois. Je ne laisserai pas nos grandes entreprises installer leurs sièges sociaux en Europe pour échapper au fisc américain. On va remédier aux problèmes des étudiants qui s'endettent à l'excès pour payer leurs études, on va améliorer les programmes en matière de santé mentale et de lutte contre toutes les addictions. Croyez-moi, j'ai de l'expérience... Et moi, je n'augmenterai pas les impôts de la classe moyenne ! »

Le temps de serrer les mains, de se prêter rapidement aux photos et aux autographes, « Madam Secretary » envoie quelques baisers à la ronde et s'en va vers l'étape suivante dans son cortège de minibus blancs aux vitres teintées.

« Vous savez pourquoi il y a tellement de colère en Amérique, tant de méfiance vis-à-vis du gouvernement ? Trop d'argent, un système de financement électoral corrompu qui mine la démocratie. Je suis le seul candidat démocrate sans un énorme fonds pour me financer ! Le seul à proclamer qu'aucun banquier, même Goldman

Sachs qui nous a fourni deux ministres des Finances, un républicain et un démocrate, aucun banquier n'est trop puissant pour échapper à la prison ! »

À Davenport, petite ville de briques rouges longeant le Mississippi, dans le sud-est de l'Iowa, Bernie Sanders poursuit sa campagne, égrenant dans le même ordre ses indignations. La salle des fêtes est sommaire, et sert à l'occasion aux rencontres de basket. L'assistance se presse, mélange de très jeunes gens et de retraités, tous blancs. Cornel West, l'intellectuel afro-américain qui avait milité au même endroit aux côtés de Barack Obama en 2008, chauffe la salle à la façon d'un prêcheur dans une église du Sud. « Proclamons la fin du néolibéralisme ! » Ce ne sont plus des bras qui se lèvent mais des poings fermés. Les gens sont conquis. Cette fois, le sénateur du Vermont ne fera pas allusion à son programme fiscal.

Shirley, professeur à la retraite, arbore un blouson siglé « Bernie ». J'y crois, dit-elle – il faut une transformation spirituelle de la démocratie américaine. Sait-elle que, la veille, le *Washington Post*, le grand quotidien de la capitale fédérale, a étrillé son candidat, coupable, à le lire, de tromper son monde en jouant au héros solitaire et en promettant la lune sans s'embarrasser des réalités ? Shirley hausse les épaules. Elle ne lit plus la presse du « système ». Ils jouent tous dans la même cour, ajoute-t-elle. Croit-elle vraiment qu'il suffit de supprimer les paradis fiscaux et d'envoyer les banquiers en prison ? Elle tourne le dos, la discussion ne l'intéresse pas. Son amie Rose prend le relais : « Vous ne comprenez pas. Sanders ne fait pas partie du système. » Comment ? Il est sénateur ! Membre du Congrès depuis vingt-cinq ans, au palmarès législatif plutôt maigre – il n'aurait initié que trois lois, dont deux visant à modifier le nom des bureaux de poste dans son État, le Vermont. Rose sourit, elle n'y croit pas. « Je suis juive, ajoute-t-elle. Comme Bernie. Et quand il raconte l'histoire de ses parents, immigrés de Pologne, installés à Brooklyn sans un sou, je me reconnais. Et je suis fière, fière de son parcours, fière de ses idées, fière de ce pays qui grâce à lui va retrouver son âme. »

À Davenport, dans la même rue rectiligne, à deux kilomètres à peine de la salle où Bernie Sanders vient de terminer sa réunion, les partisans d'Hillary se pressent dans l'immense local loué pour l'occasion. Dans un froid glacial, ils ont longuement fait la queue, ralentis par les mesures de sécurité du Secret Service dont les agents, en nombre, protègent l'ancienne secrétaire d'État. Un groupe de musique country, North of 40, les invite à se réchauffer en esquissant quelques pas de danse. « *I am with her !* Je suis avec elle ! » scandent-ils en rythme dans une odeur de bière et d'oignon.

Le comité de soutien local, dont quelques Afro-Américains, a pris place sur une estrade. Un homme au teint un peu rougeaud, à la silhouette amaigrie dans un costume marron, vient de monter sur le podium. Ovation. Bill Clinton est toujours aussi populaire. Il sait parler à la foule comme s'il s'adressait à chacune et à chacun – et il sait aussi parler d'Hillary.

« Quand je l'ai rencontrée il y a quarante-cinq ans, elle était déjà célèbre. C'était à l'université, elle venait de prononcer cet incroyable discours contre la guerre du Vietnam. Elle était la meilleure du campus, elle l'est restée : je ne l'ai jamais vue s'intéresser à quelque chose sans réussir à l'améliorer. Son père était républicain, sa mère démocrate, elle allait à l'église méthodiste du coin, comme beaucoup d'entre vous. Elle marche droit, elle sait changer les choses. Je l'ai vue à l'œuvre depuis l'Arkansas quand j'étais gouverneur. Puis à la Maison-Blanche. On peut toujours vous baratiner, parler de changement, mais il faut quelqu'un qui soit capable de l'imposer. Hillary en est capable. Je suis avec elle ! » « *I am with her !* » reprend la salle qui applaudit à tout rompre.

Bill embrasse tendrement sur la joue la candidate qui vient de le rejoindre et redescend du podium – pas question de lui voler la vedette comme il l'avait fait à l'excès lors de la campagne précédente.

« J'ai compris ! En fait je brigue un emploi, et c'est un entretien d'embauche que je passe devant vous ! » L'air enjoué, le geste vif, Hillary force son tempérament. Elle sait qu'elle doit paraître plus spontanée, moins maîtresse d'école, exprimer plus d'empathie, plus d'appétit pour ce contact charnel avec l'auditoire que son mari sait établir d'instinct – on lui reproche assez de ne pas sentir comme lui ce qui fait l'essence même du métier politique. Les commentateurs commencent à le dire tout haut : peut-être ferait-elle une bonne présidente, mais elle est franchement une mauvaise candidate d'autant – c'est la loi du genre – qu'elle répète les mêmes arguments d'un discours à l'autre.

Là, à Davenport, les médias sont venus en nombre, qui guettent le timbre de voix, la gestuelle, le faux pas – tout ce qui nourrit l'anecdote. Pourquoi se préoccuper du fond ? « Tout son problème, c'est qu'on la connaît par cœur, affirme Joe Klein, commentateur vedette de *Time Magazine*, l'auteur de *Primary Colors* – le livre culte sur la première campagne présidentielle de Bill Clinton – et ami de longue date du couple. On sait qu'avec elle il n'y aura aucune surprise. Donc on s'emm... ! » ajoute-t-il en français dans le texte[1].

Ce soir-là, pourtant, changement de discours : il n'est plus question d'ignorer la concurrence.

« Avec tout le respect que je dois à mon ami le sénateur Sanders, je ne suis pas d'accord avec lui, déclare-t-elle. Bien sûr, il faut améliorer les choses dans ce pays, mais il faut partir des progrès réalisés par le président Obama. Le système de santé n'est pas parfait, mais il ne faut pas recommencer à zéro, ce serait du temps perdu et un immense gaspillage. Oui, il faut empêcher les groupes pharmaceutiques de gonfler honteusement le prix des médicaments. Oui, il faut mettre un terme à la spéculation des fonds d'investissement. J'en parlais avec mon ami Warren Buffett... »

Elle sait que le financement de sa campagne par ses riches amis de la côte Est et d'Hollywood alimente l'essentiel des attaques de son rival démocrate, tout comme ses conférences payées 220 000 dollars chez Goldman Sachs alors que la campagne avait commencé. George Soros, le financier new-yorkais, vient d'annoncer qu'il augmentait de 7 millions de dollars sa propre contribution.

« OK, elle est très proche de tous ces gens richissimes... mais elle au moins saura les utiliser pour améliorer l'économie et créer des emplois ! » Cheryl, 54 ans, est institutrice. « Bien sûr, elle n'est pas parfaite, loin de là... mais elle saura venir à bout de Trump. Elle a

---

1. Entretien avec l'auteure, Davenport, 29 janvier 2016.

tellement d'expérience ! Je vais vous dire une chose : la dernière fois, j'ai voté Obama. Je ne voterai pas Sanders. J'en ai assez de ces gens qui n'ont aucune expérience. Obama, finalement, n'a pas su faire grand-chose… »

Hillary suit le fil de son discours, devenu presque parallèle à celui de Sanders : « On ne va pas laisser Wall Street racketter Main Street, les super-riches ne doivent pas continuer à empêcher la classe moyenne d'améliorer son niveau de vie… Je veux l'égalité des salaires pour les femmes, je veux une Amérique où un père puisse dire à sa fille : oui, tu peux devenir qui tu veux, même présidente des États-Unis. »

L'assistance applaudit, les femmes les plus âgées se congratulent. « Jamais je n'aurais pensé voir ça de mon vivant », confie Lucy, une infirmière à la retraite. Une belle Noire à la chevelure peroxydée tape des mains, tout sourire : « Nous allons élire la première femme président ! Yesss ! »

Un petit film muet passe en boucle qui retrace les grandes étapes de son parcours – de son enfance petite-bourgeoise dans une banlieue de Chicago au département d'État, entourée des puissants de ce monde. Sur ses photos de jeunesse, avant de changer de coiffure et de garde-robe, elle ressemblait à beaucoup des militantes démocrates qui sont là.

Hillary continue de dérouler son argumentaire : « Je favoriserai la petite entreprise, qui est le meilleur espoir d'emploi pour toute une jeunesse et le ciment de tant de familles. J'empêcherai les grandes firmes d'installer leurs sièges en Europe pour éviter de payer leurs taxes au pays. Il faut réformer le système scandaleux des emprunts que les étudiants doivent contracter pour payer leur scolarité. Et moi, je n'augmenterai pas les impôts ! »

La foule est enchantée. Pas de débordements d'enthousiasme, pas de vociférations passionnées comme on a pu en entendre quelques heures plus tôt chez son concurrent démocrate, mais une confiance tranquille. Il se fait tard. Pas besoin d'expliquer ici ce qu'elle ferait contre le terrorisme et contre Daech, ce sera pour le prochain débat télévisé. Ces gens-là savent qu'elle est compétente.

Dans le froid glacial, quelques-uns vont se précipiter à sa suite et applaudir le minibus blanc, flanqué des véhicules de sécurité, qui les emmène, Bill et elle, dans la nuit. Demain, leur fille Chelsea sera aussi de la partie.

« 3,2 millions de dollars ! Merci ! C'est le montant de notre trésor de guerre, uniquement des contributions individuelles, 27 dollars en moyenne par donateur. Continuez ! C'est une campagne avec le peuple, par le peuple et pour le peuple ! Hillary a 42 millions de dollars, devinez d'où ils viennent ! » Sifflets. Dans l'immense gymnase, il y a plus de jeunes encore que d'habitude. Bernie a la voix éraillée en ce dernier soir de campagne à Des Moines. « On dit que mes idées ne sont que de l'utopie. Ce n'est pas vrai. Ce sont les idées du peuple ! » Les propos du candidat se font de plus en plus décousus, mais il n'arrive pas à y mettre fin. « Ma famille est là, ma femme – on est mariés depuis vingt-sept ans, on a quatre enfants merveilleux et des petits-enfants. Vous savez, il y a beaucoup d'hypocrisie en politique. Le Congrès continue de représenter les intérêts des riches. Les républicains n'arrêtent pas de parler des valeurs de la famille. Mais ils sont contre le libre choix des femmes, contre le contrôle des naissances, contre le mariage gay. Moi, je suis pour ! » Ovation dans la salle. « Le moment de la révolution politique est venu. Ce qui est plus important que la victoire, c'est l'unité du pays. Nous ne laisserons pas Trump et les autres nous diviser. Nous vivons un moment crucial de notre histoire en nous dressant contre le système politique, économique, médiatique. Les milliardaires ne peuvent pas tout gagner. Les Américains sont en colère ! Je suis en colère ! » La salle hurle son approbation.

De meeting en meeting, Bernie Sanders a ménagé Hillary Clinton. Il s'était engagé à ne mener en aucun cas une campagne négative, refusant les attaques personnelles, ne l'attaquant que sur le front du financement. Ce soir-là pourtant, il change de terrain : pas question de laisser à l'ancienne secrétaire d'État le registre de la politique étrangère. « Mon adversaire met sans arrêt en avant son expérience. Eh bien moi, je privilégie le jugement. Moi, j'ai voté contre la guerre en Irak, pas elle. Et je sais comment il faut vaincre Daech. Soyons malins : il ne faut pas envoyer des forces au Moyen-Orient, il suffit de demander à tous les pays arabes de former une coalition contre le terrorisme. » Un peu court, mais l'auditoire n'en demande pas plus. Le caucus de l'Iowa a lieu demain, et il faut faire en sorte que cette jeunesse galvanisée par un vieux sénateur inconnu se mobilise pour aller voter.

Le 1er février dans le froid, à 7 heures du soir, les électeurs arrivent par grappes au cinquante-sixième centre de vote de Des Moines, la Hillis School. La plupart d'entre eux sont des voisins du quartier. Il y a de très vieilles personnes, des fauteuils roulants, des jeunes parents, beaucoup d'enfants. Ils cherchent leur salle : deux pour les républicains, qui voteront à bulletin secret après avoir plaidé pour le candidat de leur choix. Deux pour les démocrates, qui se regroupent par affinité. Leur caucus obéit à des règles si tortueuses et archaïques que le décompte doit se faire à main levée.

Zoey, 17 ans, un peu boulotte, est très fière d'être « capitaine » du groupe Hillary et cherche des chaises pour ses troupes, des vieilles dames surtout. À l'autre coin du gymnase, deux garçons chevelus attirent vers eux les partisans de Sanders. Il faudra s'y reprendre plusieurs fois pour départager les deux groupes, faire sortir les électeurs à l'extérieur, par moins cinq degrés, et les recompter au retour. Il n'y aura pas une récrimination, pas une bousculade, pas une insulte. Ici, on prend son rôle citoyen au sérieux. Au bout de deux heures, c'est toujours l'égalité. La petite Zoey éclate en sanglots. Elle n'a pas remporté la partie pour sa candidate.

Dans l'Iowa, tard dans la nuit, le score entre l'ancienne secrétaire d'État et son rival démocrate sera tellement serré que dans certains bureaux de vote il sera tranché à pile ou face avec une pièce de vingt-cinq cents.

Hillary Clinton l'emportera de quelques centaines de voix.

3

Comment Trump est devenu Mogul

Pour comprendre Donald Trump, il faut dénicher un programme de télévision intitulé « La Bataille des milliardaires ». Diffusé en 2007, il proposait des matches de catch entre personnalités des affaires et du show-business – le magnat immobilier s'intéressait d'autant plus à ce genre de spectacles qu'ils étaient souvent organisés dans ses propres hôtels d'Atlantic City.

Jouant le rôle du gentil face à la brute, Donald monte lui-même sur le ring. Il provoque le champion du moment de la World Wrestling Entertainment, la ligue de catch : « Je préfère t'avertir, Vince. Je suis plus grand que toi, je suis plus beau. Je crois que je suis plus fort. Et je vais te botter le cul. » On le voit plaquer le malabar au sol et lui raser le crâne après s'être attiré les faveurs du public en lançant à la ronde des billets de banque par centaines.

À 69 ans, il s'est lancé dans la compétition présidentielle comme dans un match de catch, avec les mêmes méthodes, cassant à la télévision les codes du combat politique, gonflant les muscles, exhibant sa virilité au point de certifier la taille de son pénis, donnant de la voix pour mieux ricaner de ses adversaires – il a moqué Rubio pour sa transpiration, Bush pour son manque d'énergie, Cruz pour ses mensonges, Sanders pour son marxisme et Hillary pour n'être qu'une femme qui éprouve le besoin de se soulager pendant la pause d'un débat télévisé. « Dégoûtant, rien que d'y penser ! », dit-il dans une grimace.

Plus c'est gros, plus ça passe. Mêlant le faux et le vrai, le probable et l'invérifiable, la feinte et l'attaque, la brutalité et l'apitoiement, il a compris avec un flair remarquable la lassitude, sinon la révulsion éprouvée par les cols bleus, les « petits Blancs », à l'égard d'une caste dont le niveau et le style de vie leur paraissent à jamais hors d'atteinte. Les inégalités sociales se sont creusées plus encore que les disparités de revenus, et l'amertume à l'égard des élites n'en est que plus palpable. Des immenses concentrations de mobile homes en Floride aux petites villes industrielles du Michigan et aux sites miniers de Virginie où un adulte sur cinq vit chichement des subsides sociaux, la base électorale républicaine, furieuse ou résignée, se sent abandonnée et se livre au plus offrant.

Ari Fleischer, un ancien porte-parole de George W. Bush, habitué des arcanes du pouvoir, résume la situation dans le *New York Times* : « Pour les hiérarques du parti, pour ses élus, pour toute une génération de républicains qui ont grandi dans cette culture politique, c'est une crise majeure. Si Donald Trump emporte la nomination, l'identité républicaine n'aura plus la même signification. » Peggy Noonan, ancienne plume de Ronald Reagan et éditorialiste au *Wall Street Journal*, est encore plus brutale : « Ce rejet de l'establishment, c'est le résultat de quinze ans de présidences ratées.

C'est une semonce lancée à la classe politique, priée de dégager. [...] Quelqu'un de radicalement extérieur au système, c'est peut-être ce dont le système a besoin. »

Quelques semaines après avoir fait acte de candidature, en juin 2015, le magnat de l'immobilier reçoit à New York, dans sa tour surplombant la 5e Avenue, Maureen Dowd, l'éditorialiste vipérine du *New York Times*, d'autant plus sensible au charme du bateleur qu'elle poursuit d'une même ire la dynastie Bush et la famille Clinton.

« Ce qui est génial avec moi... »

The Donald s'aime. Il s'aime à la folie et ne manque pas de le faire savoir.

« Je suis vraiment immensément riche et j'ai tout réussi... Moi, je m'amuse dans la vie et je comprends la vie et je veux améliorer la vie des gens... Je n'ai besoin de rendre de comptes à personne ! » Son bureau est tapissé de couvertures des magazines qui l'ont mis à la une – couvertures encadrées qui donnent l'impression, note la journaliste, que le visage de Trump se reflète à l'infini. « J'ai de quoi couvrir quarante murs de ce genre ! se rengorge-t-il. Le reste est stocké dans mes entrepôts. » La campagne présidentielle ? Surtout ne pas singer les autres : « Tous ces candidats ont des sondeurs, des conseillers qu'ils paient des centaines de milliers de dollars, qui leur serinent dis pas ci, dis pas ça, c'est pas le bon terme, fallait mettre une virgule là... Moi je n'en veux pas. Mon équipe est sympa, mais personne ne me dicte mon propos. Je laisse parler mon cœur. Mon cœur et ma tête. »

« Trump est un as du marketing, précise David Brooks, l'un des plus fins chroniqueurs conservateurs des mœurs politiques américaines. Il a très bien compris que le style compte davantage que les règles : si vous voulez vous en prendre à ceux qui incarnent le système établi, il faut d'abord les attaquer sur leurs manières d'être et de faire. »

Le candidat s'en flatte : il ne fait rien comme les autres. Il ne serre pas les mains – obsédé par les bactéries, il a dans la poche des paquets de lingettes –, il ne tient pas de meetings de plus d'une heure, il ne lit jamais un discours et ne se préoccupe pas de décliner un argumentaire construit. Son vocabulaire se limite à l'essentiel : « Vous savez, moi aussi je peux vous la jouer façon présidentielle... mais alors, il n'y aurait ici que 20 % d'entre vous, car ce serait super emmerdant ! » s'écrie-t-il à l'adresse de ses partisans dans le Wisconsin, en avril dernier. Tout le monde applaudit.

Le spectacle avant tout. Et pour l'assurer, il faut frapper fort.

« C'est vrai, reconnaît-il, parfois je pousse le bouchon trop loin. Mais c'est rafraîchissant... Agressif, moi ? Seulement si on me cherche. En fait, pour obtenir de moi le maximum, il suffit d'être gentil ! [...] Moi, je suis solide. J'ai un bon équilibre. Je suis un mec qui réussit de grandes choses. Je gagne. Je gagne toujours. C'est ce que je sais faire. Je bats tout le monde. Je gagne. »

Gagner. Gagner contre les autres : Donald l'a appris dès l'enfance. Né dans une famille d'origine allemande qui préférait passer pour suédoise, il a vécu dans une belle maison du Queens, une banlieue ethniquement bigarrée de New York. Le père, Fred, est un promoteur immobilier dont les succès – et les procédés – attirent à maintes reprises la suspicion des services concernés : combines fiscales avec la mairie, tractations avec les mafias qui contrôlent l'approvisionnement en ciment et en ouvriers syndiqués.

Des cinq enfants, le fils aîné, Freddy, pilote d'avion, mourra jeune et alcoolique – une fêlure, longtemps dissimulée, et une leçon pour Donald, le cadet, obsédé par la réussite. Manifestement doué pour les affaires, il commence par revendre des bouteilles de soda avant de se faire virer de l'école pour violence envers un professeur qui, selon lui, n'était pas à la hauteur. Le voilà dans une institution militaire qui l'assagit. Diplômé en 1968 de la Wharton School of Business en Pennsylvanie, il rejoint le groupe familial.

Fred C. Trump s'est spécialisé dans la promotion d'immeubles d'appartements à destination des classes moyennes. Donald va attirer pour la première fois l'attention en 1973, quand il est accusé de discrimination raciale à l'encontre de certains locataires. Aussitôt il opte pour la tactique dont il ne se départira plus : il contre-attaque plus fort encore, s'attachant l'amitié et les services de Roy Cohn, l'un des avocats les plus fameux et les plus redoutés du pays, qui avait servi le sénateur Joe McCarthy, pourfendeur du communisme dans les années 1950. Il réclame 100 millions de dollars aux services fédéraux et les accuse d'avoir envahi ses appartements tels des agents de la Gestapo. Deux ans plus tard, le cas était clos.

Cohn conseillera Trump pendant treize ans, le présentant à l'élite politique et mondaine de Manhattan tout en veillant avec férocité à ses intérêts. Il lui fera connaître Roger Stone, un spécialiste des coups tordus, qui avait

fait ses classes auprès de Richard Nixon et qui contri-
buera dans l'ombre à son ascension politique.

Au fil des années et de l'édification du groupe immobilier, les enjeux financiers seront plus importants, mais
les méthodes resteront identiques, brutales, à l'esbroufe
– procès, demandes de dédommagement démesurées,
exploitation des ressorts claniques et ethniques, et toujours la même obsession : la gagne.

Ayant pratiquement appris à lire dans le célèbre
ouvrage de Dale Carnegie *Comment se faire des amis et
influencer les autres*, le jeune Trump, comme son père,
suit les préceptes d'un pasteur de l'Église presbytérienne,
Norman Vincent Peale. Auteur de livres à succès dans
les années 1950, ce dernier exaltait la confiance en soi,
balayant toute notion de péché ou de culpabilité au nom
de la pensée positive, et célébrait la prospérité en guise de
récompense. Le but, selon lui, ne serait pas de servir Dieu,
mais de l'utiliser pour réussir sa vie. « Apprends à faire de
grosses prières, prêchait-il à la Marble Collegiate Church
de Manhattan, où la famille se rendait régulièrement. Dieu
te récompensera selon l'importance de tes prières[1] ! »

La richesse matérielle est donc le seul critère mesurant
la valeur d'un individu. Fidèle à ce principe jusqu'à la
caricature, Trump ne cessera de souligner, et parfois de
gonfler, l'ampleur de sa fortune. 11 milliards de dollars,
affirme-t-il, alors que le magazine *Forbes* l'évalue à
quatre milliards et demi et l'agence Bloomberg à un
peu moins de trois milliards. En 2009, il est allé jusqu'à

---

1. Michael D'Antonio, *Never Enough : Donald Trump and the Pursuit
of Success*, Thomas Dunne Books, 2015.

poursuivre en justice un journaliste qui avait avancé un chiffre beaucoup plus bas. Trump lui a réclamé 5 milliards de dollars de dommages et intérêts avant d'abandonner. Plusieurs fois, il a fait le siège des responsables du classement des grandes fortunes que publie chaque année le magazine *Forbes*, mortifié selon les cas d'y être mal placé ou de ne pas en être.

Car c'est bien là que le bât blesse : il tient à l'image de brillant homme d'affaires qu'il s'est lui-même généreusement forgée. Rien ne l'irrite plus que la réputation d'héritier qu'agitent ses rivaux : le portefeuille immobilier reçu de son père ne valait « que » 200 millions de dollars, affirme-t-il, et le million qu'il a touché d'entrée n'était qu'un prêt, remboursé avec intérêts.

En 1987, Donald Trump publie le premier de ses dix-sept livres : *L'Art de faire des affaires* – un ouvrage qu'il place d'emblée à la deuxième place de ses lectures favorites, juste après la Bible. On y trouve la clé du personnage : son goût pour ce qu'il appelle l'« hyperbole crédible – une forme innocente d'exagération, un moyen efficace de se mettre en avant ». La formule a été forgée par Tony Schwarz, le journaliste qui lui a servi de nègre. Dans un entretien au *New Yorker*, en juillet 2016, il dira sans ménagement à quel point il regrette d'avoir travaillé pour « ce sociopathe, ce menteur congénital » qui n'a pas écrit une ligne de son livre, malgré ses affirmations.

Dans son tout dernier ouvrage, *L'Amérique paralysée*[1], publié pour accompagner sa campagne présidentielle, Trump pousse le principe à l'extrême : « Je suis

---

1. *Crippled America : How to Make America Great Again*, Threshold Editions, 2015 ; *L'Amérique paralysée*, Éditions du Rocher, 2016.

l'incarnation même du succès à l'américaine, écrit-il, je fais des affaires mieux que personne ! »

Photos à l'appui, il énumère les immeubles célèbres qui portent son nom : les Trump Towers à New York et Chicago, le Trump Plaza Hotel à New York, le Trump International Hotel à Las Vegas, les clubs de golf Trump à Miami et en Écosse – et la liste continue. Et il ajoute : « J'adore le fait que Trump est la seule enseigne qui fasse vendre à la fois un appartement à 50 millions de dollars et une cravate à 37 dollars ! » Son nom est une marque qu'il accorde sous licence pour un parfum, pour hommes évidemment, nommé *Success*, des lunettes, des costumes à acheter en ligne, des matelas, des jeux de société et même des steaks à griller « Trump ». Trump Vodka, Trump Financial, Trump Air ont fait long feu.

Propriétaire de deux avions et de trois hélicoptères siglés à son nom, il reconnaît volontiers qu'ils servent d'outils de promotion pour sa propre marque – sa compagnie refacturera leur utilisation au budget de sa campagne électorale. Le Boeing 757, avec chambre à coucher et décoration en feuilles d'or, sera vite surnommé le Trump Force One – allusion à Air Force One, l'avion officiel du président des États-Unis. Il s'agit néanmoins de vieux appareils – il en voudra beaucoup à la journaliste du *New York Times* qui révélera qu'ils avaient été recalés au contrôle technique et avaient subi une rénovation éclair. Ce milliardaire qui se prétend aussi riche s'accommoderait-il d'une flotte vétuste ?

« Moi, je suis le plus fort ! Je sais faire des affaires, je sais conclure des accords, je suis le meilleur *dealmaker* d'Amérique, donc du monde ! » répète Donald Trump de meeting en meeting. Et partout ses admirateurs applaudissent, comme si la richesse étalée par lui, l'autocélébration permanente de ses succès et de sa fortune offraient la meilleure caution sinon de sa probité, en tout cas de son savoir-faire, comme si elles gommaient leurs propres insatisfactions.

Pourtant son parcours n'a pas été sans plaies ni bosses. En dix-huit ans, il a fait quatre fois faillite. « Il a écrit une quinzaine de livres, ils commencent tous par le chapitre 11 ! » ricanent ses détracteurs, jouant sur la dénomination de la loi américaine sur les dépôts de bilan.

L'échec le plus coûteux pour son ego est sans doute lié à l'hôtel Plaza à New York – le palace légendaire au décor de comédie musicale. « Je n'ai pas acheté un immeuble, s'exclamait-il en 1988, j'ai acheté un chef-d'œuvre ! » Il le paie 400 millions de dollars, continue d'emprunter à l'excès et se lance dans un projet pharaonique à Atlantic City dans le New Jersey, le casino Trump Taj Mahal. Son ambition est alors de prendre le contrôle de toutes les activités de jeux de la côte Est. Ce sera la banqueroute. Le Plaza sera racheté à moindre prix par le prince saoudien Al-Walid ben Talal – ce qui n'empêchera pas le promoteur d'en parler comme d'une « affaire fantastique ». Sa réputation est d'autant plus ébréchée qu'il paie rarement avocats et fournisseurs sans ergoter sur les tarifs et les délais de règlement.

Les vraies dynasties immobilières de New York – les Durst et les Rudin, les Zeckendorf et LeFrak – se gardent bien de commenter le bilan de celui qui ne les écrase que de son nom. Ils ne jouent pas dans la même cour et restent discrets.

L'homme d'affaires s'est aussi aventuré dans le sport, acquérant en 1983 un club de football américain, le New Jersey Generals, avec l'idée de lancer un championnat de printemps concurrent de la National Football League. L'entreprise tournera court. Comme à l'accoutumée, Trump intentera un procès à la NFL pour concurrence déloyale – mais il n'obtiendra que quelques dollars en guise de dommages et intérêts. Il s'essaie au cyclisme, affichant son ambition de faire mieux que le Tour de France. Le Trump Tour, organisé à petite échelle sur la côte Est, sera vite entaché d'irrégularités et ne vivra que deux saisons, en 1989 et 1990.

De ces expériences contrastées, Trump fera deux livres de plus, aux titres révélateurs : *L'Art de la survie* et *L'Art du come-back*. L'essentiel, dans son esprit, est d'entretenir sa notoriété.

À New York, la ville de toutes les démesures à commencer par celle de l'argent, les puissances de Wall Street, les grandes banques et les fonds d'investissement ne le considèrent pas comme un acteur de premier plan. Lui s'en défend, expliquant qu'il n'a pas besoin de leur argent puisqu'il procède à son propre financement. S'il exprime volontiers sa méfiance à l'égard des *hedge funds*, il admire Carl Icahn, le plus célèbre et le plus riche des activistes, à qui il a déjà proposé, en cas de victoire à l'élection présidentielle, d'être son ministre des Finances.

Au sommet de la Trump Organization, qui regroupe les hôtels et les autres participations de la famille, la fille aînée, Ivanka, 34 ans, joue un rôle prééminent. Diplômée en affaires immobilières de la Wharton School, la même université que son père, un temps mannequin, à la tête de sa propre entreprise de mode, elle est responsable du développement et des acquisitions du groupe – en particulier les dernières, le Doral Resort à Miami et l'ancienne poste centrale de Washington DC, bientôt transformée en hôtel de luxe. Convertie au judaïsme, elle a épousé Jared Kushner, propriétaire d'un magazine acquis à la cause, le *New York Observer*, lui-même héritier d'une fortune immobilière dans le New Jersey.

Le joyau du groupe Trump n'est pas à Manhattan, même si son nom brille au fronton de plusieurs tours. C'est à Palm Beach, en Floride, où Donald a acquis en 1985 un vaste domaine transformé en copropriété de grand luxe : Mar-a-Lago. Depuis trente ans, il assiège la municipalité de menaces et de procès pour extorquer des dérogations en tous genres – il a obtenu de haute lutte l'autorisation d'en faire un club dont le ticket d'entrée s'élève à 100 000 dollars. Il voudrait maintenant en interdire le survol au trafic aérien – il a intenté une action en justice contre l'aéroport local.

« Quand le patron est là, ça se sent tout de suite ! » raconte au *New York Times* le majordome qui le servit pendant trente ans et régit une demeure de style dit méditerranéen de quelque cent dix-huit pièces. Le candidat a beau dénoncer les travailleurs immigrés, il emploie surtout des étrangers, confirme Anthony Senecal, tout fier de relater sa récente initiative. Ayant été averti que le patron arrivait de méchante humeur, il fit venir un joueur de clairon pour l'accueillir au son de *Hail to the Chief* – le refrain présidentiel. On apprend grâce à lui que Donald dort peu, qu'il ne se montre jamais en maillot de bain, qu'il aime son steak très cuit et qu'il tient à se coiffer lui-même malgré un professionnel à demeure.

Dans l'immense bibliothèque tapissée de livres qu'aucun membre de la famille n'a jamais ouverts, un grand portrait de lui en tenue de tennis – il paraît que le même tableau orne plusieurs propriétés de Palm Beach, seul le visage change. Trump boit du Coca, jamais d'alcool, et serait superstitieux au point de jeter quelques grains de sel au-dessus de son épaule gauche après le repas.

Le vieux majordome aura maille à partir avec la justice. *Mother Jones*, un magazine classé à gauche, révèle en mai 2016 les messages ouvertement racistes que Senecal affiche sur Facebook, appelant à pendre haut et court « cet imposteur kenyan » d'Obama. Les services secrets ont ouvert une enquête.

The Donald se rend au golf attenant à sa propriété de Mar-a-Lago en Bentley, la noire ou la blanche selon l'humeur. S'il porte une casquette rouge, mieux vaut rester à distance, paraît-il. Il adore vanter ses prouesses golfiques jusque dans ses réunions électorales : « Toute ma vie est affaire de victoires. J'ai beaucoup gagné. Je gagne beaucoup – quand je fais quelque chose, je gagne. Même dans le sport, j'ai toujours gagné. Et je gagne toujours. En golf, j'ai gagné beaucoup de championnats. Énormément de championnats[1]… » Quelques compétiteurs laisseront entendre que, sur le parcours, les règles de l'étiquette ne sont pas toujours respectées par le propriétaire.

Trump le répète à l'envi : il est très fort. Il sait aussi tricher, et parfois il se fait prendre. En 2007, l'homme d'affaires décide de prolonger ses succès de librairie en

---

1. *The Economist Heard on the Trail*, 9 avril 2016.

se lançant dans l'éducation. La Trump University a pour objet d'« enseigner la réussite, rien que la réussite ». Il s'agissait en fait de séminaires assurés par des animateurs douteux et monnayés au prix fort – 1 500 dollars le week-end, 40 000 dollars pour des cours supplémentaires. Plus de cinq mille personnes ont ainsi rapporté 40 millions de dollars à l'entreprise, dont un quart à Trump lui-même. Des clients mécontents ont engagé des poursuites judiciaires en Californie, puis dans l'État de New York. En pleine campagne présidentielle, encouragés par les rivaux politiques du magnat de l'immobilier, ils expliquent qu'ils devaient évaluer au mieux leur formation sous peine de ne pas obtenir le diplôme. Incriminant comme à son habitude les magistrats saisis des dossiers, Trump jure encore une fois qu'il va gagner.

« Je déteste accepter un jugement au tribunal, je conteste toujours, sinon tout le monde se met à vous faire des procès ! » affirme-t-il volontiers. Mais il comprend parfois qu'il vaut mieux plier. Ainsi en 2011, quand des acquéreurs de la Trump Soho, un hôtel condominium dans le bas de Manhattan, les ont accusés, lui et ses enfants, de publicité mensongère, il a préféré rembourser les dépôts – une plainte concomitante faisait état de financement suspect d'origine russe et kazakhe. D'autres poursuites contre Trump sont toujours en cours – notamment pour avoir fait croire que ses hôtels lui appartiennent alors qu'il s'agit dans certains cas de licences.

Le procès le plus retentissant – et le plus coûteux – reste celui qui l'a opposé à sa première femme, Ivana, une ancienne championne de ski d'origine tchèque, épousée en 1977 à la Marble Collegiate Church avec la bénédiction du pasteur Norman Vincent Peale. Donald a pris la précaution de faire rédiger par Roy Cohn, son ami avocat, un contrat prénuptial qui le protège des ambitions de la dame. Celle-ci va se révéler aussi inventive que lui dans la glorification de son propre personnage et pareillement friande de publicité.

Mère des trois premiers enfants du milliardaire, Ivana a joué un rôle de premier plan dans l'édification de l'empire Trump et de la saga qui l'accompagne, prenant en charge la décoration intérieure et la gestion de quelques-uns de ses actifs immobiliers. Pour le plus grand bonheur de la presse populaire new-yorkaise, elle va aussi dévoiler en plusieurs épisodes, avec force détails, les infidélités du mari jusqu'à exiger le divorce et une bonne part de sa fortune. Malgré le contrat d'origine et une contre-attaque judiciaire féroce, Ivana obtiendra en 1992 quelque 20 millions de dollars, une propriété dans le Connecticut, une provision de cinq millions pour se loger convenablement et 49 % du club de Mar-a-Lago à Palm Beach. C'est là qu'elle se remariera en grande pompe devant la famille réunie, l'ex-mari inclus, et le gratin de la presse people.

Donald Trump a compris depuis longtemps qu'il a besoin d'un allié à la mesure de son narcissisme. La presse populaire a trouvé en lui un héros truculent, réunissant à haute dose les ingrédients requis – l'argent et le sexe –, en même temps qu'une source précieuse de ragots en tout genre.

« Il téléphonait à toute heure du jour et de la nuit, raconte aujourd'hui un ancien rédacteur en chef du *Daily News*. Il vantait ses prouesses immobilières et amoureuses, distillant des rumeurs sur ses amis et leurs épouses en échange de papiers complaisants. Et il disait souvent vrai ! Il appelait aussi pour savoir ce qu'on pensait de telle ou telle fille sur le marché, comme il disait, en les notant de 1 à 10... » Une journaliste de *People Magazine* raconte qu'après s'être vanté d'avoir eu une liaison avec Carla Bruni – qui a démenti –, Trump s'est fait passer pour son propre porte-parole, accréditant l'idée que Madonna et Kim Basinger frappaient pantelantes à sa porte. « À lui seul, il a fait la fortune du *New York Post* et du *Daily News* dans les années 1980, conclut un vétéran de la presse new-yorkaise. En ayant partie liée avec les médias, Trump a compris très tôt que le cirque des tabloïds était l'arène naturelle pour quelqu'un de sa trempe et de son ego. »

Au tournant du siècle, la presse écrite de l'« Empire State » ne lui suffit pas. Il lui faut conquérir le média de masse, et le pays entier.

Quand en 2002 Mark Burnett, un producteur de télévision qui le premier avait lancé la vogue de la téléréalité avec « Survivor » – « Koh-Lanta » en français –, lui propose d'animer lui-même des émissions de ce genre, il saute sur l'occasion. De 2004 à 2015, « The Apprentice » et « The Celebrity Apprentice[1] » vont populariser sur NBC, l'une des trois grandes chaînes nationales, le personnage, son style et son improbable coiffure. Tonitruant, brutal, volcanique, Trump arbitre des concours, tournés dans sa tour ou dans des villes de province, où les candidats rivalisent pour décrocher un emploi. Toutes les occasions sont bonnes pour

---

1. Adaptée pour M6 sous le titre « Qui décrochera le job ? », l'émission n'aura aucun succès en France.

promouvoir ses projets immobiliers et ses produits sous licence. L'ultime récompense : un poste dans l'une de ses entreprises. Chaque épisode se termine sur un gros plan du milliardaire qui hurle à l'intention du malheureux perdant : « *You are fired !* Tu es viré ! ». La formule devient culte.

« Trump a le sens de l'image, il sait d'instinct à quoi le spectacle doit ressembler, et il se préoccupe des détails. C'est un pro ! » reconnaît Bob Wright, à l'époque patron de NBC Universal, qui raconte une autre facette, moins connue, du parcours de l'homme d'affaires à la télévision.

Coproducteur avec NBC à partir de 2003 de deux concours de beauté, Miss Univers et Miss USA, Trump se plaint des collaborateurs que lui impose la chaîne : « Des apparatchiks… Ils ne connaissent rien aux jolies femmes. Moi, j'adore les femmes, c'est vrai, et c'est terrible de voir ce qu'ils veulent en faire ! » Donald obtient gain de cause : les maillots de bain deviennent plus ténus et les talons aiguilles plus élevés. Dans la même veine, il crée sa propre agence de mannequins : « Fidèle à la vision de son propriétaire, Donald Trump », peut-on lire sur le site Internet.

On le découvrira aussi à l'antenne dans quelques épisodes de *Sex and the City*, dans deux films, *Zoolander* et *Home Alone 2*, et jusque dans une publicité pour Pizza Hut où on le voit engloutir une part de pizza dégoulinante et déclarer : « Napoléon, Alexandre le Grand, Donald Trump, nous sommes taillés dans le même matériau, et il est très très costaud ! »

Aux États-Unis, The Donald n'est plus seulement le milliardaire favori des tabloïds new-yorkais. Il est devenu une vedette populaire, et son nom une marque nationale à l'échelle de l'Amérique.

Voilà qui est sans prix pour lancer une carrière politique et viser le plus haut possible. En Italie, dès 1994 et pendant vingt ans, Silvio Berlusconi a incarné le même mélange des genres, transformant la politique en un reality show peuplé de héros gominés et de créatures à gros seins, diffusé à longueur de temps sur ses propres antennes de télévision – parti lui aussi de l'immobilier, le Cavaliere en était propriétaire. Et il représentait lui aussi pour une majorité d'Italiens une certaine idée de la réussite et du savoir-faire.

Donald Trump n'a pas sauté le pas aussi vite – mais il a voulu conquérir à plusieurs reprises une forme de reconnaissance identique.

Inutile d'identifier dans ses tâtonnements politiques une quête idéologique. Tantôt démocrate, tantôt républicain, selon les occasions offertes par le calendrier politique, il se cherche un rôle à la mesure de sa fortune et de son ego.

À 41 ans, il est enregistré sur les listes électorales en tant que démocrate, comme la majorité des New-Yorkais. Un responsable du parti républicain dans le petit État du New Hampshire le convainc pourtant de tenter l'aventure sur ce bord-là et de briguer l'investiture contre George H. W. Bush, le vice-président sortant, candidat du Grand Old Party. En octobre 1987, Trump débarque de son hélicoptère pour prononcer son premier discours politique au Rotary Club de Portsmouth ; il renonce aussitôt, conscient de ses handicaps. Il rebascule côté démocrate. En 1990, il déclare au magazine *Playboy* que, s'il se lance un jour, ce sera sous cette étiquette-là : « Pas parce que je suis libéral, en fait je suis conservateur, mais parce que les classes populaires voteraient pour moi, elles m'aiment bien. »

En 2000, nouvelle poussée de fièvre politique. Après les deux mandats du démocrate Bill Clinton, alors que le vice-président sortant Al Gore affronte George W. Bush, le fils de l'autre, Trump rejoint les maigres troupes du Parti de la réforme, créé par le milliardaire Ross Perot qui veut en finir avec les hypocrisies bipartisanes. L'aventure fait long feu.

Mais l'arbitre des joutes populaires de « The Apprentice » a pris goût aux postures publiques. En 2004, il critique l'intervention en Irak du président sortant George W. Bush et confie à CNN qu'il se sent plutôt démocrate en matière de politique économique. En 2007, à la fin du second mandat du président républicain, il chante les louanges d'une « femme très talentueuse, qui vit à New York, qui ferait du très bon boulot face aux Iraniens : Hillary Clinton ». Il contribue au financement de la campagne pour l'investiture démocrate que la sénatrice de New York mène contre un jeune sénateur noir de l'Illinois, Barack Obama. Reconnaissante, cette dernière assiste à son troisième mariage, cette fois avec un jeune mannequin slovène, Melania.

Dans un système politique amplement financé par les donations du monde des affaires, Trump, comme tant d'autres, distribue ses largesses en fonction de ses inclinations et de ses intérêts. On le cultive, on l'invite, c'est une célébrité qui divertit son monde.

Il donne davantage au parti démocrate qu'au républicain, en tout cas jusqu'en 2010. Barack Obama est alors au milieu de son premier mandat. Le parti républicain se radicalise sous l'influence du Tea Party, qui prône la stratégie de l'obstruction au Congrès et se raidit sur les enjeux sociétaux – l'avortement, les armes à feu, le mariage homosexuel. Trump, qui s'était pourtant déclaré pour le libre choix des femmes et pour l'égalité des droits quelle que soit l'orientation sexuelle, bascule dans le camp conservateur. Enregistré comme républicain en 2009, il devient l'un des principaux donateurs du parti et l'invité de marque des forums qui l'accueillent pour ce qu'il est à l'époque : un milliardaire, une star de la téléréalité qui signe de gros chèques.

De la même manière qu'il avait flatté les tabloïds, le voilà qui courtise les principaux médias de droite, à commencer par Fox News, la chaîne de télévision qui appartient au magnat australien naturalisé américain, Rupert Murdoch.

En 2011, Trump se lance aussi dans une campagne qui démontre à la fois son goût pour les théories du complot et son appétit pour la politique, fût-ce celle des coups bas. Il contacte un certain Joseph Farah qui navigue sur les eaux troubles d'Internet après avoir publié des écrits sur le rôle des pousses de soja dans l'homosexualité et la responsabilité des « marxistes de la culture » dans la déstabilisation de l'Amérique. « On ne pourrait pas fabriquer quelque chose à propos d'Obama, de son lieu de naissance, de son prénom musulman ? » lui suggère The Donald, prêt à investir quelques moyens dans l'affaire.

Depuis l'élection du président noir, les théoriciens d'extrême droite alimentent sur certaines radios et des réseaux sociaux conservateurs une campagne aux relents racistes pour contester la citoyenneté du président élu, qui ne serait pas né aux États-Unis et qui serait kényan, membre de surcroît de la confrérie des Frères musulmans. Pressentant le potentiel d'un tel mouvement auprès de l'électorat de base, Trump se lance à sa manière, répétitive : « Pourquoi ne produit-il pas son acte de naissance ? » demande-t-il sur ABC News. « Je veux voir son acte de naissance », répète-t-il sur Fox. Et sur NBC il affirme : « Je commence à croire qu'il n'est pas né ici. » Résultat : le nom du magnat de l'immobilier grimpe dans les sondages évaluant les chances des candidats républicains à l'élection présidentielle de 2012. On en vient à cet épisode surréaliste où on voit à la télévision, d'un côté de l'écran, Donald Trump répéter la même question et de l'autre un conseiller de la Maison-Blanche contraint d'exhiber le certificat de naissance présidentiel issu de Honolulu, capitale de l'État de Hawaii.

En avril 2011, comme chaque année, cravate noire et robe de cocktail de rigueur, l'élite politique et médiatique de Washington se retrouve au dîner de l'association des journalistes accrédités à la Maison-Blanche. Les discours se doivent d'être drôles, à commencer par celui du président. Ce soir-là, Barack Obama a choisi sa tête de Turc : Donald Trump. Ce dernier est l'invité de Lally Weymouth, la fille de la légendaire patronne du *Washington Post*, feu Katherine Graham.

Le président ridiculise l'homme d'affaires, son goût des conspirations et des fausses rumeurs, ses aspirations à peser dans le débat public et ses ambitions présidentielles. « Je sais qu'il a eu droit à des réactions hostiles ces derniers temps – il est vraiment soulagé que cette histoire d'état civil soit enfin réglée. Il peut maintenant passer à autre chose – par exemple, l'expédition sur la Lune était-elle un simulacre ? […] Nous connaissons tous vos compétences et l'étendue de votre expérience. Par exemple, récemment, dans un épisode de "The Apprentice", vous avez dû arbitrer entre deux candidats lambda et vous avez viré Gary Busey [un comédien connu qui participait à l'émission]. Franchement, c'est le genre de décision qui moi m'empêcherait de dormir ! » D'une table à l'autre, les invités se tordent de rire, tous les regards convergent vers Trump – figé, la nuque raide, sans même tenter de faire bonne figure, il fulmine et s'éclipse au plus vite. On apprendra par la suite que quelques heures plus tôt, le même soir, Barack Obama avait autorisé l'opération *Geronimo* qui anéantirait Oussama Ben Laden à Abbottabad, au Pakistan, quelques jours plus tard.

Loin de décourager le magnat de l'immobilier, l'humiliation subie devant le Tout-Washington va renforcer sa détermination : « Je me suis rendu compte qu'à moins de lancer ma propre candidature, je ne serais jamais pris au sérieux », dira-t-il plus tard.

Sans attirer l'attention des observateurs, Trump avait déjà tâté le terrain auprès de plusieurs instituts de sondage. Il en avait conclu qu'avant de se lancer, il avait intérêt à consolider sa notoriété télévisée grâce à « The Apprentice ». En janvier 2012, il réussit néanmoins à orchestrer à Las Vegas, en direct à la télévision, son adoubement du candidat républicain de l'époque, l'austère mormon Mitt Romney. L'équipe de ce dernier n'aura de cesse, ensuite, de tenir Trump à distance de la campagne tant son image leur paraît néfaste.

En janvier 2014, nouvelle tentation. Le promoteur immobilier prête l'oreille à la proposition de quelques politiciens républicains de l'État de New York : pourquoi ne pas se présenter au poste de gouverneur contre le démocrate Andrew Cuomo, qui cherche à se faire réélire ? Ce serait un marchepied vers la présidence, argumentent-ils. Trump exige d'entrée de n'avoir aucun concurrent. Il se plie à quelques réunions puis décide que la politique locale n'est pas de son niveau. Autant briguer directement le Bureau ovale.

Le 16 juin 2015, Donald Trump met en scène le plus grandiose épisode de ses aventures télévisées : descendant l'escalator de la Trump Tower, il annonce sa candidature à l'élection présidentielle : « Nous allons rendre sa grandeur à l'Amérique. Je serai le plus fantastique président créateur d'emplois que Dieu ait jamais conçu. » Surpris que personne n'y ait pensé avant lui et ne l'ait déposé légalement, il affiche son slogan : « Make America Great Again. »

En janvier 2016, descendant en majesté de son Boeing 757 frappé à son nom et aux couleurs de l'Amérique pour entamer sa tournée électorale, il confie à la horde de journalistes qui l'assaille : « Beaucoup de gens se sont moqués de moi au fil des années. Aujourd'hui, ils rigolent moins. »

4

HRC : un parcours d'exception

« Quand j'ai commencé mes études, je ne savais pas trop quoi faire, confie Hillary Rodham Clinton, alias HRC, à ses partisans dans l'Iowa en janvier 2016. Je me suis même inscrite en cours de français, mais le professeur m'a vite dit : "Mademoiselle, vos talents sont ailleurs." Ma mère m'a expliqué que je devais continuer à m'accrocher pour trouver ma voie. Comme d'habitude elle avait raison… Toute ma vie, j'ai pu le vérifier : quand on travaille dur, on peut changer le cours des choses ! »

À 14 ans, Deborah Howell Rodham, sa mère, abandonnée par ses parents, faisait des ménages et n'avait pu poursuivre sa scolarité. Elle est morte en 2011. Sa fille a tenu à ce qu'elle figure en bonne place dans le clip de campagne annonçant la candidature d'une femme à la présidence des États-Unis.

À 69 ans, HRC affiche tous les attributs de la réussite : un parcours professionnel hors normes, une vie personnelle apaisée après bien des tourments. Mère et grand-mère comblée, elle a aujourd'hui l'aplomb d'une femme mûre qui, pour avoir été longuement moquée pour ses changements de coiffure et ses tâtonnements vestimentaires, a enfin trouvé son style – bijoux discrets et tailleur-pantalon en toutes circonstances. Cultivant l'allure de ces bourgeoises de la côte Est au train de vie assuré, elle sait d'expérience que le regard qu'on portera sur elle pendant cette longue et harassante campagne électorale sera plus impitoyable que toute qualification du brushing orange de Donald Trump ou de l'aspect fripé de Bernie Sanders.

« Voilà quarante ans qu'elle a droit à la même remarque : mais pour qui se prend-elle ! s'écrie Melanne Verveer, son amie de toujours qui dirigea son cabinet durant le premier mandat présidentiel de Bill et fut nommée ensuite ambassadrice pour la promotion des droits des femmes. Que de ricanements aussi sur sa coupe de cheveux, sur ses tenues, sur son tour de taille, sur sa mine... Nous savons toutes à quel point l'ironie à l'égard d'une femme peut être cinglante. Et quand il s'agit d'Hillary, tout le monde s'y met[1] ! »

Voilà qui n'excuse pas les maladresses. « En quittant la Maison-Blanche en 2000, Bill et moi étions complètement fauchés ! » avait déclaré la candidate pour justifier les énormes avances accordées par les maisons d'édition pour leurs Mémoires respectifs. Des sympathisants démocrates à revenu modeste ne l'ont pas oublié.

Le couple Clinton a fait fortune. Ils ont gagné à eux deux près de 250 millions de dollars grâce à leurs droits d'auteur et aux conférences données aux États-Unis et à l'étranger à la demande de différentes entreprises ou associations, prêtes à débourser de 250 000 à

---

1. Entretien avec l'auteure, Washington, 16 novembre 2015.

500 000 dollars pour mettre l'un ou l'autre à l'affiche. Si le budget est suffisant, Chelsea, leur fille, 36 ans, est disponible pour 75 000 dollars.

Mère de deux enfants – le dernier est né pendant la campagne des primaires –, diplômée de Stanford et d'Oxford, elle a épousé Marc Mezvinsky, un financier partenaire d'un fonds qui a connu quelques difficultés pour avoir parié à tort sur la sortie de la Grèce de la zone euro. Forte tête, elle participe depuis toujours aux combats de ses parents et joue un rôle déterminant dans la stratégie du clan.

Dans un pays où les célébrités alimentent une véritable industrie, les Clinton ne font pas figure d'exception. Leur appétit pour l'argent et leur mode de vie somptueux depuis leur départ de la Maison-Blanche ne choquent personne dans les milieux de la finance et du cinéma qui les ont adoptés. Mais la famille est maintenant en campagne. Le mélange des genres devient embarrassant, accentué par les activités et le mode de financement de la fondation qui porte leur nom.

Créée par Bill Clinton en 1997 à la fin de son premier mandat présidentiel, cette organisation à but non lucratif a prospéré au fil des années, regroupant plusieurs projets dans les domaines de la santé publique, de l'éducation, du développement et de l'environnement, prioritairement en Afrique. Elle emploie aujourd'hui près de deux mille personnes et affiche en 2015 un revenu de 223 millions de dollars. Le montant des contributions provenant prioritairement des grandes entreprises et de gouvernements étrangers représentait en 2014 près de 2 milliards de dollars. Son sommet annuel, qui réunit le gotha des activistes de l'humanitaire et du monde des affaires, est devenu un rendez-vous aussi couru – et presque aussi cher puisque la participation en est payante – que les rencontres économiques de Davos.

En un demi-siècle, l'ascension des Clinton vers le pouvoir et la fortune s'est toujours faite en équipe – le véritable ciment d'un couple à l'harmonie personnelle pour le moins troublée. L'un et l'autre s'en souviennent : pour eux, la vie n'a pas commencé dans la soie. Et c'est elle qui a goûté la gloire la première.

« Nous pensons que depuis trop longtemps nos dirigeants se contentent de faire de la politique l'art du possible. Le défi aujourd'hui est de permettre l'impossible... La vie que vous nous proposez n'est pas celle que nous voulons... » Cheveux châtains mal ficelés dépassant sous la casquette carrée, engoncée dans la toge noire de rigueur, la petite jeune fille à lunettes reste bien droite. L'ovation n'en finit pas. Debout, trépignant, les étudiants de la classe de 1968 crient leur approbation. La remise des diplômes, à la fin du premier cycle universitaire, est pour tout jeune Américain qui a la chance d'en arriver là, et pour sa famille, l'un des moments marquants de la vie. À Wellesley, université chic de la côte Est, l'une des rares ouvertes aux femmes à l'époque, l'étudiante élue cette année-là pour présider l'assemblée des élèves a osé l'impensable : elle a contredit le sénateur républicain choisi par la faculté pour parrainer la cérémonie. Dans l'Amérique de 1968, la contestation gronde, même sur la pelouse manucurée d'un campus de jeunes filles.

Moins que ses mots, qui retrouvent aujourd'hui une étrange résonance, l'autorité tranquille avec laquelle ils sont prononcés surprend l'auditoire. Condisciples et enseignants ne sont pas étonnés : Hillary Rodham est depuis quatre ans la star du collège. À son crédit, les meilleures notes, surtout en sciences politiques, une ardeur à satisfaire les professeurs, à gagner, à convaincre en toutes circonstances, un talent à organiser la vie collective, à résoudre les problèmes privés de celles qui recherchent son conseil, elle, si raisonnable, qui garde toujours la tête froide.

C'est ainsi qu'elle les impressionne, ces filles de la haute société, ravissantes, bien habillées, dressées pour épouser des garçons qui leur ressemblent, dans ces universités qui forment les élites. Hillary a compris que pour être appréciée, reconnue, admirée, il ne lui faut pas se battre avec les armes de la féminité, rivaliser en coquetterie, en élégance, mais en matière grise. Avec ses grosses lunettes, jamais maquillée, les cheveux noués à la diable, ses cardigans qui pendouillent sur des pantalons trop larges et ses robes informes, Hillary, à 18 ans, se fond sans complexes dans le code anti-esthétique des babas cool de sa génération.

Une génération dont elle n'épouse pourtant ni les excès ni le radicalisme. Dans ces années où s'intensifie en Amérique la lutte contre la ségrégation raciale et la guerre du Vietnam, elle n'est en rien progressiste, la fille du petit fabricant de rideaux de la banlieue de Chicago. Elle est inscrite au parti républicain, comme papa et grand-papa.

En 1962, elle a fait campagne pour Barry Goldwater, le sénateur de l'Arizona, un conservateur radical qui conquit l'investiture du GOP aux dépens de Nelson Rockefeller, le gouverneur centriste de l'État de New York.

Hostile au New Deal, aux syndicats et à toute extension de la protection sociale, il subit une défaite écrasante face au démocrate Lyndon Johnson, qui lamine le parti républicain et ouvre la voie à une nouvelle génération conservatrice, dont Ronald Reagan.

Autant elle célèbre sa mère, autant Hillary tait l'influence de son père. Hugh Rodham, tyrannique et misanthrope, détestait, dans l'ordre, les Noirs, les catholiques et tous ceux qui ne pensaient pas comme lui. D'origine anglaise et ouvrière, la famille vit dans une petite maison de brique grise de Park Ridge, semblable à celles des voisins dans cette Amérique blanche des années 1950 où tout semblait possible à qui travaillait dur. L'étranger commence à Chicago, la grande ville voisine et ses faubourgs misérables où de temps en temps, Hugh emmène ses enfants se promener en voiture, fenêtres bien closes, pour qu'ils voient ce que deviennent ceux qui, selon lui, manquent de discipline et de motivation.

Cris et fessées quand les notes à l'école ne sont pas suffisantes, réveil à l'aube pour répéter les tables de multiplication, bouchon du dentifrice jeté par la fenêtre s'il n'est pas convenablement vissé avec obligation d'aller le rechercher l'hiver dans la neige – une éducation à la dure et une enfance lumineuse de bonheur, raconte volontiers Hillary, encouragée par ses parents à tout faire comme ses deux frères, à condition de réussir. Pour préserver sa fille, Dorothy lui a néanmoins choisi un prénom d'homme.

Chez les Rodham, on pense droit. On voit le monde en noir et blanc, le bien et le mal, les méchants d'un côté, les bons de l'autre. La vie est un combat. Pas de chauffage la nuit. Ne compter sur personne, sauf le Ciel, et encore, si on le mérite. On ne se plaint pas, on ne pleurniche pas, on ne cède pas à ses émotions. On agit.

Hillary travaille dur et ne s'aventure jamais dans les activités où elle ne peut pas briller. Elle est convaincue d'avoir raison, toujours, et son Dieu le sait – le Dieu des méthodistes, tel que l'ont modelé depuis le XVIIIe siècle les adeptes de John Wesley, ce pasteur anglais qui, en réaction au ritualisme de l'Église anglicane, fonda l'une des branches majeures du protestantisme américain. Un Dieu exigeant, un Dieu de labeur, de compétition, de performance, un Dieu d'engagement dans la société, qui ordonne de prendre en compte la douleur et la souffrance d'autrui, et d'agir pour améliorer les choses. Un Dieu optimiste, pour qui le monde des hommes est perfectible.

Dans le numéro du magazine *Life* consacré en 1969 aux jeunes espoirs de l'Amérique, Hillary Rodham figure parmi les plus brillants étudiants du pays. Son professeur, qui voit en elle la première femme susceptible de siéger un jour à la Cour suprême, l'envoie à Yale faire son doctorat en droit.

Les idées politiques d'Hillary ont évolué. L'été 1966, elle assiste à la convention républicaine : elle soutient Nelson Rockefeller, son père Richard Nixon. Quelques semaines plus tard, lors de la convention démocrate, elle voit à Chicago la police charger des étudiants qui lui ressemblent. Le président Johnson intensifie la guerre au Vietnam. Robert Kennedy est abattu en Californie. Dans les universités, la contestation prend de l'ampleur. À Wellesley, elle a fait sa thèse sur les programmes gouvernementaux contre la pauvreté et rencontré sur le terrain, à Chicago, Saul Alinsky, théoricien et militant du travail dans les communautés noires. En avril 1968, Martin Luther King est assassiné.

Hillary est alors à Yale. Elle admire l'un de ses professeurs, Marian Wright Edelman, célèbre militante des droits des Noirs qui l'envoie un été, sous une fausse identité, enquêter en Alabama sur les violations tolérées par l'administration Nixon en matière de ségrégation dans la plupart des collèges locaux. Une expérience risquée qui va définitivement décider la petite bourgeoise méthodiste de la banlieue de Chicago à changer de bord.

« C'est la plus belle chose que j'ai vue sur deux jambes ! » Le beau garçon à l'air réjoui, grand, rubicond, cheveux paille en bataille, regard enfiévré, accent du sud et pantalons trop courts, qui livrera plus tard cette appréciation de maquignon, la suit à la trace sur le campus. Lui, beau parleur, phraseur, frimeur, s'est extrait à force d'énergie et de brio de son Arkansas natal, de son milieu de petit Blanc pauvre, père inconnu, mère infirmière portée sur le jeu et la bouteille, beau-père garagiste, alcoolique et cogneur. Bill Clinton, 24 ans, a déjà derrière lui un parcours marqué par la politique et les réussites universitaires, assistant du sénateur Fullbright, étudiant à Washington de l'université Georgetown, « Rhodes Scholar », c'est-à-dire bénéficiaire de la bourse la plus prestigieuse du système anglo-saxon permettant chaque année, aux meilleurs, de poursuivre leurs études à Oxford.

Tout les oppose et tout les réunit. Lui, séducteur, dragueur, hâbleur, émotif, sentimental, jouant sans vergogne de son charme sudiste, toujours prêt à raconter des histoires, à noyer le poisson, à repousser une contrainte, retarder une échéance, enrober un raisonnement, et elle, précise, rationnelle, tranchante, impatiente, pragmatique, concentrée sur l'objectif, peu portée aux spéculations oiseuses.

Bill porte en lui ce qui fascine et ce qui motive Hillary : l'ambition. La volonté de changer le monde. Elle croit qu'elle a une mission, il croit en son destin. L'un et l'autre, dès l'enfance, sont passionnés de politique, briguant et conquérant des fonctions électives depuis l'école primaire, toujours en campagne, remportant l'adhésion, chacun à sa manière. L'un comme l'autre sont à l'aise dans un système social qui a su reconnaître leurs mérites. Au sein d'une génération qui hurle et qui brûle les symboles de l'ordre existant, ils sont pour le transformer, non pour l'abattre, ils veulent l'améliorer, non pas le détruire, et d'abord le conquérir.

Au début des années 1970, la déferlante contestataire, hippie, rebelle, hostile à la guerre du Vietnam a gagné jusqu'aux bâtiments gris et solennels de Yale. Hillary y a acquis une réputation d'activiste, passant comme tant de gens de sa génération d'une mentalité conservatrice, bien ancrée dans les valeurs du Middle West, à des idées plus progressistes, plus libérales selon la terminologie américaine. Elle ne verse pas pour autant dans l'idéologie, elle continue de croire aux institutions, mais comme l'immense majorité de ses condisciples, elle pense que la guerre est absurde. Bill, lui, appartient par tradition familiale et par conviction personnelle au parti démocrate. Émerveillé par John Kennedy, il avait pu, jeune scout, en 1963, lui serrer la main à la Maison-Blanche, enracinant dans cette scène fondatrice la légitimité de son ambition politique.

Hillary va le suivre dans l'Arkansas, sacrifiant pour lui sa carrière de juriste promise à une brillante ascension – elle a fait partie pendant quelques mois à Washington de l'équipe du procureur spécial enquêtant sur le scandale du Watergate. À la fin des années 1970, quand elle annonce à ses amis que Bill sera président des États-Unis et qu'ils éclatent de rire, elle leur bat froid pendant des mois.

Ils se marient en octobre 1975. Pas de cérémonie grandiose – ni orgues ni carillons, juste une bénédiction par un pasteur méthodiste, une formalité expédiée sans émotion et sans respect des convenances puisque la mariée, sur le registre, refuse d'abandonner son nom de jeune fille.

Bill est élu gouverneur, elle devient première dame de cet État du Sud pauvre et poussiéreux où le rôle d'une épouse est strictement limité à l'église, à la procréation et à la cuisine.

En 1979, Hillary Rodham est l'invitée de la télévision locale. Dans cet entretien, retrouvé sur YouTube, on la voit, sans apprêt derrière ses grosses lunettes, affronter le journaliste du cru qui ne cache pas son aversion : « Vous ne correspondez vraiment pas à l'image que nous avons de ce que doit être la femme de notre gouverneur : vous n'êtes pas d'ici, vous avez étudié dans une université libérale de la côte Est, vous n'avez pas 40 ans, vous n'avez pas d'enfant. Vous ne portez pas le nom de votre mari. Vous travaillez comme avocate... » Hillary n'a pas encore cédé aux codes de la communication, elle n'a pas encore forgé le masque et la carapace qui l'abriteront, tant bien que mal, des attaques dont elle ne cessera de faire l'objet. Ironique, cinglante, elle rassure son interlocuteur : tout cela s'arrangera avec le temps.

Chelsea, fille unique, naît en 1980. Depuis Little Rock, la capitale où elle va passer dix-huit ans de purgatoire, Hillary va aider Bill Clinton à franchir au sein du parti démocrate toutes les étapes qui les mèneront, main dans la main malgré quelques orages conjugaux, jusqu'à la Maison-Blanche. Quand en janvier 1993 il prête serment sur la Bible que lui tend son épouse, le quarante-deuxième président des États-Unis a 46 ans, elle en a 45. Ils sont les premiers représentants de la génération du baby-boom à atteindre le faîte du pouvoir.

« Vous en aurez deux pour le prix d'un ! » s'était écrié, dans une formule devenue célèbre, le candidat démocrate pour venir à bout du président sortant, le républicain George H. W. Bush.

À peine installée, dédaignant un rôle traditionnellement dévolu aux bonnes œuvres et à la décoration florale, la nouvelle First Lady s'attelle à la réforme de la Sécurité sociale. « La campagne des cent jours ! » s'exclame le jeune président, s'extasiant à voix haute sur les qualités de son épouse : « de tous ceux que je connais, la plus capable de synthétiser un problème complexe, et de lui trouver des solutions applicables ». Énorme chantier, semé d'embûches dans lesquelles, une par une, consciencieusement, Hillary va tomber. Pas de mandat électif, une mission imposée par l'exécutif, un bureau dans la West Wing au même titre que les plus proches conseillers du président, une équipe aux ordres, des idées préconçues, pas assez de consultation des milieux impliqués, une obstination à avoir raison sur le fond sans se soucier du climat politique, pas assez de doigté, aucun sens tactique... Le naufrage de la réforme de la Sécurité sociale sera l'un des grands échecs du premier mandat Clinton, et pour ses détracteurs, un recul inutile infligé au système bien imparfait dont bénéficient aux États-Unis les plus démunis. Pour Hillary, ce sera, en moins d'un an, la fin de la lune de miel avec l'Amérique.

Cherchant consolation dans les appartements privés de la Maison-Blanche auprès du fantôme d'Eleanor Roosevelt, l'épouse délaissée de Franklin et l'infatigable militante du progrès social à laquelle elle voue une véritable dévotion, Hillary va ruminer sa défaite. De l'épreuve et de ses cicatrices, elle gardera une meilleure connaissance des rouages politiques de Washington, une plus grande prudence politique et une défiance absolue des médias.

« Une femme ressemble à un sachet de thé, aimait à dire Eleanor. Vous ne pouvez pas juger de sa solidité sans le plonger dans l'eau bouillante. »

HRC, tant de fois ébouillantée par les scandales, va démontrer une capacité de survie et de rebond défiant toutes les lois de la physiologie politique.

« La femme la plus humiliée de l'histoire de l'humanité ! »

Emphatique et cruel, le *New York Times* est à l'unisson des médias du monde entier. Tout au long de l'année 1998, Hillary s'est évertuée à sauver à la fois son couple et la présidence des États-Unis. Le procureur Kenneth Starr a ouvert une enquête publique sur les confidences faites par une ancienne stagiaire de la Maison-Blanche à une collègue de bureau. L'affaire Monica Lewinsky commençait. Elle s'ajoutait au procès pour harcèlement sexuel intenté par Paula Jones, une ancienne entraîneuse, contre le président des États-Unis, lequel reconnaissait au passage une liaison longtemps niée avec une certaine Gennifer Flowers lorsqu'il était gouverneur de l'Arkansas.

Républicain, militant de la droite chrétienne, Kenneth Starr s'était déjà saisi du dossier Whitewater, une affaire de spéculation foncière dans l'Arkansas. Bill et surtout Hillary, alors avocate, y avaient été mêlés. Au début de l'enquête, un collaborateur de la Maison-Blanche, Vince Foster, s'était suicidé – alimentant jusqu'à aujourd'hui les théories du complot chères à Donald Trump. Sans réussir à incriminer le couple présidentiel, Starr avait fait comparaître, en tant que témoin devant un jury, la première dame des États-Unis. Un épisode sans précédent, dont elle s'était acquittée avec brio et fureur.

« Ramassis de mensonges ! C'est une vaste conspiration d'extrême droite ! Ce n'est pas la première fois que ces gens cherchent à nous abattre, eh bien, cette fois-ci, croyez-moi, ils n'y réussiront pas non plus ! » Tout en rage contenue, penchée en avant, poings serrés, regard figé, tailleur brun foncé, l'aigle présidentiel broché sur le revers comme une médaille gagnée sur le champ de bataille, Hillary Clinton dément à la télévision tout écart de conduite de son éternel adolescent de mari. Deux jours plus tard, au forum de Davos bruissant de l'affaire Monica, la première dame des États-Unis, sans notes, harangue son auditoire et brosse sa vision d'un monde plus libre et plus solidaire. Debout, les riches et les puissants l'ovationnent. Elle rayonne.

À la Maison-Blanche, les collaborateurs rasent les murs. Le président est hagard. Hillary fait front, fouettant les énergies, ranimant les loyautés, choisissant les avocats, déterminant la stratégie de défense. On la craint pour ses colères explosives, ses éclats de voix, ses silences. Que sait-elle réellement des derniers errements sexuels de son mari ? La question taraude les proches comme les observateurs. La presse devient hystérique. La première dame n'hésite pas. La présidence d'abord.

Quel a été son rôle : celui de l'épouse bornée et trompée ou celui de la complice hypocrite ? Est-elle jusqu'au bout une femme cocue ou une partenaire cynique ? Entre les deux hypothèses, l'Amérique ne cessera d'osciller. Les bien-pensants opinent : qu'elle préserve les apparences, l'institution et sa famille ! Les féministes trépignent : qu'elle le quitte ! Qu'à l'image de sa génération, elle préserve la dignité de la femme bafouée et libérée !

Dans ses Mémoires, Hillary se contentera de cet argument, qui ne va pas loin dans la confidence mais qui correspond sans doute à sa conviction profonde : « Je voulais lui tordre le cou, mais il n'était pas simplement mon mari : il était le président des États-Unis. »

En août 1998, Bill Clinton, à sa demande, comparaît devant les jurés et admet avoir eu des « relations intimes inappropriées » avec Monica Lewinsky. Le mois suivant, l'enregistrement vidéo de son témoignage et les 445 pages du rapport Starr sont diffusés dans le monde entier. L'Amérique se vautre dans le scandale. Le Congrès enclenche une procédure de destitution du quarante-deuxième président pour mensonge et parjure.

Que fait Hillary pendant toutes ces semaines de déballage public et d'agonie privée ? Elle s'abrite au mieux des regards et des gestes de compassion. Méconnaissable, elle fonctionne comme un automate. Murée. Mais elle se bat encore. Avec ses propres armes : l'intelligence, le sang-froid, et cette formidable faculté de « se compartimenter la tête », comme le souligne alors Susan Thomases, une de ses plus anciennes amies.

Le combat n'est plus seulement familial, il est aussi politique. Pour HRC, ce qui est en péril, c'est le fruit de vingt-deux ans de travail en commun. Ce qui est en cause, ce sont les aptitudes de Bill à conduire les affaires de la nation, ce qui est en jeu, c'est sa légitimité à occuper la fonction qu'elle a briguée pour lui et pour elle avec acharnement, et qu'elle a tant contribué à conquérir.

Sans doute a-t-elle réfléchi, et beaucoup prié. Elle vit intensément sa foi méthodiste, la discipline, le travail sur soi. Au petit déjeuner de prières qui une fois par an réunit à la Maison-Blanche les représentants de la communauté noire, Bill Clinton, qui lui est baptiste, se livre en public, selon la coutume de ce rite protestant florissant dans les États du Sud, à une longue confession assortie d'une repentance. Hillary y assiste, les larmes aux yeux. La différence entre un méthodiste et un baptiste, dit-on, c'est que le méthodiste est toujours à la recherche d'une mission, et que le baptiste est convaincu que la mission, c'est lui. Bill n'en finit pas de demander pardon à Dieu, à l'Amérique, à ses concitoyens, à sa famille. Elle concentre ses efforts sur un autre champ de bataille : la politique.

Le calendrier s'y prête. À la mi-mandat présidentiel, dans ce climat empoisonné, le parti démocrate doit faire face au renouvellement d'une partie du Sénat et de la Chambre des représentants. Hillary se lance à corps perdu dans la campagne électorale. Sillonnant le pays pour soutenir les candidats, galvanisant les militants, démontrant son éloquence et sa maîtrise des problèmes, elle conquiert une nouvelle popularité. Bill, ligoté à la Maison-Blanche, ne peut se livrer à cet exercice dans lequel il excelle. Seule sur scène, éclipsant Al Gore, le vice-président, Hillary peut donner toute sa mesure. Médusés, les hiérarques du parti démocrate, qui ne la portent pas nécessairement dans leur cœur, reconnaissent l'exploit. Elle leur évite la débâcle – ils gagnent même cinq sièges de plus à la Chambre des représentants.

Les sondages portent la première dame au pinacle. Jamais elle n'a été autant aimée des Américains. En février 1999, le Sénat se prononce contre la destitution du président Clinton. Au moment crucial où, de tractation en tractation, le vote bascule, elle se fait applaudir par leurs fidèles sur la pelouse de la Maison-Blanche, la main crispée dans celle de son mari.

En 2000, Hillary Rodham Clinton décide de se mettre à son compte. Elle veut devenir sénatrice de l'État de New York. Aux élections de novembre, elle se présente au siège que Daniel Patrick Moynihan, une figure du parti démocrate, vient d'abandonner au terme de vingt-quatre ans de service.

À 53 ans, HRC démontre encore une fois son aptitude à se réinventer. Pour une partie de l'opinion publique, c'est aussi l'aveu de son arrivisme et de son hypocrisie. Après tant d'années à l'ombre de l'homme politique le plus talentueux et tumultueux de sa génération, son image publique est devenue à la fois opaque et lisse – trop de conseils en communication, trop de « focus groups » pour déterminer le meilleur argumentaire en fonction des segments de l'électorat, trop d'attaques médiatiques, trop de blessures intimes pour laisser jamais paraître sa vraie nature.

La médaille est brillante, et son revers couvert d'épines.

À force d'afficher sa solidarité avec un mari qui a menti et un président demeuré malgré tout populaire, c'est elle qui sera constamment soupçonnée de duplicité. D'autres scandales affleureront. Chaque fois, elle adoptera la même tactique, bottant en touche, dénonçant un complot d'extrême droite avant de consentir à quelques aveux partiaux – une méthode de défense à la mesure de la férocité des attaques, et une propension certaine à s'estimer au-dessus des règles et des soupçons, tant sa cause lui paraît d'évidence la meilleure. La marque Clinton devient l'une des plus puissantes du patrimoine politique américain, et l'une des plus sulfureuses.

La première campagne pour conquérir l'État de New York – un terrain politiquement complexe, du nord rural à la ville-monde de Manhattan – va mettre Hillary à rude épreuve. Après des heures et des heures d'autocar, il lui faut serrer les mains, écouter les doléances, ignorer les attaques de la presse à scandales, et surtout convaincre les femmes, électoralement majoritaires et très divisées sur la question, qu'elle s'est comportée comme il le fallait pendant l'affaire Lewinsky.

Sa fille Chelsea, en plein apprentissage, participe à la campagne. Bill, revigoré à l'odeur de l'estrade, se dépense sans compter. En dépit des sondages, qui annoncent un résultat serré face à son adversaire, Rick Lazio, un républicain de petit acabit, Hillary gagne haut la main. Six ans plus tard, elle est réélue sans difficulté.

Entre-temps, elle a puissamment contribué à ressusciter New York des cendres du 11 Septembre.

Au Sénat, sans prétendre au premier rôle, elle s'initie avec appétit aux arcanes parlementaires et apprend à nouer avec ses rivaux démocrates comme avec ses adversaires républicains les compromis nécessaires. On le sait, elle adore les dossiers et brille dans les discussions techniques. Son palmarès est impressionnant : elle participe à sept cent treize actes législatifs, dont trois cent soixante-trois lois, et siège aux commissions clés de la défense, de l'éducation et de la santé publique. Au cours des deux mandats présidentiels de George W. Bush, elle va progressivement s'affirmer comme l'un des ténors du parti démocrate, notamment en matière de politique étrangère. Après le 11 septembre 2001, en plein climat d'union nationale, elle soutient l'intervention militaire en Afghanistan et approuve, en octobre 2002, la guerre en Irak – à l'instar de la majorité de ses collègues démocrates, dont Joe Biden, l'actuel vice-président. Bernie Sanders, futur candidat à l'investiture démocrate en 2016, siège à l'époque à la Chambre des représentants en tant qu'indépendant et vote contre la guerre – ce sera l'un de ses arguments les plus efficaces contre sa rivale tout au long de la campagne de 2016.

De la Maison-Blanche jusqu'à la colline du Congrès, de l'Arkansas jusqu'aux postes les plus convoités au sein des commissions sénatoriales, personne mieux qu'Hillary Clinton ne connaît les rouages des institutions, la complexité des dossiers qui préoccupent ses concitoyens et le fonctionnement de son propre parti. C'est pourquoi en 2007, le moment lui paraît venu :

elle s'élance à son tour à la conquête du Bureau ovale. C'est bien la première fois dans l'histoire américaine que l'épouse d'un ancien président essaie de conquérir le fauteuil qu'a occupé son mari.

Le parti démocrate est alors sous la coupe de la machine Clinton. L'équipe de campagne réunit beaucoup d'anciens fidèles, le trésor de guerre déborde des donations de Wall Street et d'Hollywood. Déjà les médias ressuscitent la saga du couple, avec ses recoins obscurs et l'ombre de Lady Macbeth, caricature de l'épouse ambitieuse et complaisante. On a beau souligner l'expérience politique de la sénatrice, une seule question hante les éditorialistes : une femme peut-elle devenir le commandant en chef des armées – d'autant que le candidat républicain s'appelle John McCain, auréolé de ses années de captivité pendant la guerre du Vietnam ? Il n'empêche : côté démocrate, Hillary part favorite.

Dès le premier scrutin dans l'Iowa, en janvier 2008, c'est la stupeur : elle n'est que troisième. Un certain Barack Obama sort en tête du caucus – le jeune sénateur afro-américain de l'Illinois avait échappé au radar de la direction du parti bien qu'il ait fait sensation en 2004, lors de la convention désignant John Kerry comme candidat démocrate. Hillary Clinton a beau remporter l'étape suivante dans le New Hampshire et devenir ainsi la première femme de l'histoire politique américaine à gagner une primaire, elle trébuche très tôt dans la course : froide, arrogante, sans charisme ni convictions, assènent la plupart des commentateurs qui l'accusent de se comporter comme si l'élection était un dû – une consécration plutôt qu'une conquête.

Lors du premier débat télévisé dans le New Hampshire, le journaliste lui demande comment elle compte convaincre les électeurs « qui voient [son] CV mais qui hésitent à [la] trouver sympathique »… « Voilà qui est assez blessant, répond Hillary après un temps d'arrêt, je ne pense pas être aussi détestable que ça. » À ce moment-là, Barack Obama, son rival, lance : « *You're likable enough, Hillary…*, Tu es assez sympa… » La formule qui, paraît-il, se voulait drôle appartient désormais au florilège politique américain.

À chaque confrontation, la voix mal posée, laborieuse, sans aisance sur scène, Hillary paraît incarner la politique à l'ancienne, tandis que Barack, s'élançant sur le podium avec la grâce d'un danseur, annonce les promesses du siècle nouveau.

Bill Clinton ne simplifie pas la tâche à son épouse. Omniprésent, il se mêle de tactique électorale et réécrit ses discours sans prévenir. Surnommé en son temps le premier président noir, tant ses liens avec les Afro-Américains ont toujours été étroits, il va jusqu'à proférer des critiques teintées de racisme à l'encontre du jeune sénateur de Chicago.

En juin 2008, Hillary Clinton abandonne le combat. Elle a obtenu plus de voix que Barack Obama, mais moins de délégués. « Nous n'avons pas réussi à faire éclater ce plafond de verre si haut, si solide, mais grâce à vous nous l'avons percé de dix-huit millions d'éclats ! » déclare-t-elle à ses militants, et surtout aux femmes de sa génération qui voient en elle leur héroïne. « Et la lumière brille comme jamais, nous donnant l'espoir et la certitude que ce sera un peu plus facile la prochaine fois. »

Une semaine après son triomphe à l'élection présidentielle, Barack Obama, soucieux d'afficher l'unité du parti démocrate, propose à son ancienne concurrente le ministère des Affaires étrangères. « Une équipe de rivaux ! » commente la presse, reprenant une formule célèbre d'Abraham Lincoln.

Leur duel a été rude et le président élu n'a pas ménagé ses critiques. Humiliée mais prête encore une fois à se réinventer, Hillary Clinton hésite. Elle aime sa vie au Sénat. Elle craint aussi les remous que son mari ne cesse de provoquer dans son sillage, les conflits d'intérêts avec sa fondation financée par beaucoup de dirigeants étrangers en quête d'influence.

Au bout de quelques jours, elle accepte : « Le président et moi nous sommes beaucoup parlé, et je me suis dit : au fond, si moi j'avais gagné et si je l'avais appelé, j'aurais voulu qu'il accepte. Et puis je suis très vieux jeu : quand votre président vous demande de servir, vous répondez "Oui, si j'en suis capable" ! »

De son côté, Bill se plie à un encadrement plus strict des levées de fonds pour le Clinton Presidential Center dans l'Arkansas et pour la Clinton Global Initiative.

En janvier 2009, Hillary Clinton obtient à la quasi-unanimité l'approbation du Sénat et prête serment sur la Bible méthodiste que lui tend son mari. Elle a reconquis auprès des Américains la popularité que lui avait value l'affaire Lewinsky.

Après son amie Madeleine Albright, qu'elle avait propulsée auprès de Bill Clinton, et Condoleezza Rice, proche de George W. Bush, elle devient la troisième femme à diriger le département d'État.

Cent douze pays en quatre ans, 1,4 million de kilomètres parcourus, plusieurs fois le tour du globe à défendre la politique présidentielle et promouvoir les causes aux-quelles elle croit depuis longtemps, à commencer par celle des femmes : de 2009 à 2013, « Madam Secretary » va faire preuve d'une loyauté sans faille à l'égard de Barack Obama, au risque d'encourir le reproche de ne pas peser suffisamment sur ses orientations diploma-tiques. Pivot vers l'Asie, désengagement du bourbier israélo-palestinien, réticences vis-à-vis de l'engrenage sanglant en Syrie et en Irak : le Président, qui a été élu sur la promesse de mettre un terme aux guerres améri-caines, n'appartient pas à la même école de pensée que sa secrétaire d'État. En 2014, à l'intention des journa-listes, il avait résumé sa doctrine en une formule choc : « *Don't do stupid shit !* Ne pas faire de conneries. » Pénétrée quant à elle de la responsabilité historique de l'Amérique, portée par tempérament et par conviction à l'intervention sur le terrain, Hillary prolonge au contraire une tradition diplomatique que les néoconservateurs de l'ère Bush avaient poussée jusqu'à l'inconscience.

En mars 2011, alors que le « printemps arabe » ébranle le régime de Mouammar Kadhafi et déclenche une guerre civile en Libye, Nicolas Sarkozy et David Cameron décident d'intervenir militairement au nom de considérations humanitaires. Angela Merkel refuse de s'y associer. À Washington, la secrétaire d'État soutient l'opération et convainc la Maison-Blanche de l'appuyer par des frappes aériennes.

Cinq ans plus tard, en mars 2016, dans une longue interview au magazine *The Atlantic*, Barack Obama dira ses regrets d'avoir contribué à l'aggravation du chaos dans le pays – il a surestimé, dit-il, la capacité des Européens à construire un système de rechange, traitant au passage les dirigeants français et britannique de *free riders*, de resquilleurs, incapables d'assumer les conséquences de leurs actes.

En septembre 2012, le consulat américain à Benghazi est attaqué par des commandos non identifiés. Quatre Américains sont tués, dont l'ambassadeur Christopher Stevens. Aussitôt, la polémique explose à Washington au sujet des moyens de sécurité déployés sur place, notoirement insuffisants malgré les requêtes de l'ambassadeur.

Le département d'État, donc son chef, Hillary Clinton, est juridiquement et politiquement responsable.

L'affaire intervient en pleine campagne présidentielle, avant la réélection de Barack Obama en novembre. En janvier 2013, au moment de céder la place à John Kerry, Hillary Clinton comparait devant la commission des affaires étrangères du Sénat et s'explique sur les circonstances de l'attentat. Les sénateurs s'en satisfont. Elle quitte Foggy Bottom, le surnom du quartier de son ministère, achève la rédaction de ses Mémoires et rejoint la fondation familiale.

Mais ses adversaires ne vont pas lâcher une affaire qui met dramatiquement en cause la politique étrangère de l'administration Obama.

En mai 2014, les républicains, qui dominent la Chambre des représentants, créent une commission d'enquête spéciale, aussitôt dénoncée par les démocrates comme une machine de guerre contre une éventuelle candidature de l'ancienne secrétaire d'État à l'élection présidentielle. Ce sera l'un des épisodes les plus longs, les plus coûteux et les plus haineux de la chronique politique à Washington – davantage encore que la commission Watergate à l'époque de Richard Nixon.

Au fil du temps, il ne sera plus question du drame de Benghazi, mais de l'utilisation par Hillary Clinton d'un serveur et d'une adresse privés pour traiter son courrier électronique plutôt que ceux du département d'État. L'anomalie est découverte par un journaliste du *New York Times*, la commission s'en empare et l'enquête change de nature.

Une trentaine de requêtes sont déposées, dix-sept juges saisis jusqu'à ce que le département d'État obtienne le regroupement du dossier. Sur injonction judiciaire, le ministère publie quelque treize mille courriels traitant tantôt de considérations – « Quelqu'un peut-il trouver du lait écrémé pour mon thé ? » –, tantôt de questions plus politiques échangées avec sa garde rapprochée. Un des messages adressés à sa plus proche collaboratrice, Huma Abedin, précise : « Je veux éviter tout risque que les sujets touchant à ma vie personnelle puissent être accessibles. »

Les républicains font monter les enjeux. Ils accusent Hillary, tout à son obsession du secret, d'avoir délibérément dissimulé certains de ses courriers et envoyé des informations classifiées sur son système privé, entretenu dans sa propriété de Chappaqua, près de New York, par l'informaticien de la Fondation Clinton.

Fidèle à sa façon de faire, Hillary se dérobe. Elle nie le problème, dénonce une conspiration politique et attend six mois avant de reconnaître que son comportement à l'époque était « une erreur ».

Trop tard : le FBI a déclenché sa propre enquête, les médias flairent l'affaire d'État au moment même où démarre la campagne des primaires, et les républicains se frottent les mains.

Sur le fond, l'ambiguïté tient à l'évolution des règles concernant la circulation et l'archivage des documents officiels à l'ère numérique. Le risque réel est celui du piratage, qui affecte les systèmes les mieux sécurisés, dont celui du département d'État, et a fortiori les réseaux privés. Dans ce cas précis, la question porte sur le niveau de classification des documents sensibles et confidentiels qui ont transité par l'adresse hrod17@clintonemail.com.

Les médias conservateurs se déchaînent. À l'exception notable de Bernie Sanders, qui a déclaré un peu vite que cette affaire n'intéressait pas les Américains, les adversaires politiques, les ennemis de tous bords des Clinton, qui depuis si longtemps ressassent leurs griefs à leur encontre, s'en donnent à cœur joie. Certains commentateurs parient sur l'incapacité de la candidate à mener sa campagne jusqu'à son terme et dissertent de la probabilité d'une mise en examen. « Hillary en prison ! » voit-on sur les pancartes brandies dans les meetings par les partisans de Donald Trump tout au long de la campagne des primaires.

En octobre 2015, le président Obama entreprend une contre-offensive. Certes, affirme-t-il à l'émission « 60 Minutes » sur CBS, son ancienne secrétaire d'État a eu tort d'utiliser un compte privé, mais en aucun cas « la sécurité nationale n'a été mise en péril ».

Quelques jours plus tard, HRC comparaît devant la commission d'enquête de la Chambre des représentants. Retransmise à la télévision et sur certains réseaux sociaux, son audition va durer onze heures. Au départ, les questions portent sur la Libye, sur l'assassinat de l'ambassadeur et de ses gardes du corps. Avec calme et autorité, Hillary domine son affaire et garde son flegme – l'un des élus reconnaîtra qu'il ne sait pas vraiment où situer la Libye sur la carte. Moment rare chez cette femme qui, depuis l'enfance, s'astreint à brider son émotion, elle s'écrie, les larmes aux yeux : « Je crois que j'ai pensé à ce qui s'est passé plus que vous tous réunis. J'ai eu plus d'insomnies que vous tous réunis... » Ce jour-là, sa performance force le respect jusque chez ses adversaires.

Dans l'opinion publique cependant, l'affaire de ses courriers électroniques continue de fermenter, érodant sérieusement sa cote de confiance. Très populaire à sa sortie du département d'État avec 69 % d'opinions favorables, Hillary plonge dans les sondages, gratifiée de commentaires peu flatteurs : « menteuse, faux jeton, indigne de confiance, jamais de bonne foi... »

À Miami en mars 2016, lors d'un débat télévisé, un journaliste pose la question qui fâche :

« Si vous êtes mise en examen, abandonnerez-vous la campagne ?

— Cela n'arrivera pas, je ne répondrai même pas à cette question ! » riposte la candidate avec irritation.

Les explications fournies par elle et par ses proches ne cessent d'évoluer, confortant ceux qui dénoncent chez les Clinton une manière bien particulière de s'accommoder des faits. Hillary a beau progresser dans les primaires, l'ambiance de la campagne reste plombée.

« Tout le monde pensait qu'Hillary était imbattable, non ? Eh bien depuis que notre commission s'est mise au travail, ses sondages sont en chute libre ! » Noyé dans le tohu-bohu médiatique, l'aveu de l'un des membres de la commission d'enquête parlementaire interrogé sur Fox News confirme les soupçons des démocrates : il s'agit bien de couler sa candidature.

En mai 2016, nouveau coup de semonce. Le Congrès rend public le rapport de l'inspecteur général du département d'État dénonçant la légèreté dont ont fait preuve tous les ministres, de Colin Powell à John Kerry, en matière de courrier électronique. Il dénonce particulièrement « les failles durables et systématiques » constatées pendant l'époque Clinton.

« J'avais la cote quand les gens me voyaient à l'ouvrage, se défend l'ancienne secrétaire d'État sur ABC News. Maintenant que je suis descendue dans l'arène et que toute l'hostilité dont j'ai été la cible depuis trente-cinq ans est recyclée et balancée contre moi, je me rends compte que j'ai du travail à faire… »

La délivrance va se faire en deux temps.

Le 28 juin 2016, au terme d'une enquête qui a duré près de deux ans et coûté 7 millions de dollars, la commission de la Chambre des représentants rend ses conclusions dans un rapport de huit cents pages : les quatre Américains assassinés à Benghazi en 2012 auraient dû bénéficier d'une meilleure protection, la Maison-Blanche, le Pentagone et le département d'État ont manqué de réactivité, mais la secrétaire d'État de l'époque n'a pas été coupable de négligence. Malgré les efforts de ses ennemis républicains, rien n'est retenu contre elle.

Quelques jours plus tard, pendant le week-end prolongé de la fête nationale, Hillary Clinton est interrogée pendant trois heures trente dans les bureaux du FBI à Washington. Rien ne filtre – « il s'agit d'un témoignage volontaire que j'avais proposé depuis plusieurs mois », affirme la candidate sur NBC. Donald Trump bondit sur Twitter : « Il est impossible au FBI de ne pas recommander des charges criminelles contre Hillary Clinton. Ce qu'elle a fait est mal ! »

Bill Clinton n'a pas arrangé les choses. Une semaine auparavant, sur le tarmac de l'aéroport de Phoenix, Arizona, constatant que l'avion qui transporte la ministre de la Justice, l'une de ses anciennes protégées, est parqué à côté du sien, il va la rejoindre pour bavarder. « Une rencontre anodine, l'affaire de Mme Clinton n'a pas été abordée, il voulait parler de ses petits-enfants ! » affirme Loretta Lynch, bien embarrassée, qui assure aussitôt qu'elle se contenterait de suivre les recommandations du FBI sans exercer son droit d'interprétation. « Y a-t-il une seule personne pour croire à une telle coïncidence ? Le système est corrompu ! C'est du trucage ! » ricane sur Twitter le candidat républicain.

Le 6 juillet 2016, lors d'une conférence de presse retransmise par tous les grands médias, le directeur du FBI, James Comey, livre ses conclusions. L'agence fédérale a enquêté pendant un an, épluché quelque trente mille courriels, cinquante-cinq mille pages, et interrogé des dizaines de protagonistes.

« Aucune poursuite ne s'impose contre Mme Clinton, déclare le directeur. Bien qu'il y ait des preuves de violations potentielles des lois en ce qui concerne le traitement des informations classifiées, notre opinion est qu'aucun procureur raisonnable n'intenterait des poursuites… Il n'y a pas eu de sa part intention avérée de violer la loi. »

Ce n'est pas pour autant l'absolution. En termes cinglants, James Comey met en cause « une négligence extrême dans le traitement d'informations très sensibles… Toute personne sensée occupant la fonction de Mme Clinton aurait dû le savoir ». Contrairement aux affirmations de l'ancienne secrétaire d'État, cent dix courriels contenaient effectivement des informations classifiées relatives aux dossiers diplomatiques en cours – Libye, Irak, Pakistan. Le FBI ne confirme ni n'infirme l'hypothèse d'actes de piratage – les attaques de hackers russes et chinois contre les serveurs officiels, à commencer par celui du département d'État, sont devenues de plus en plus fréquentes et sophistiquées.

Six mois avant l'élection présidentielle, Hillary Clinton paraît enfin tirée d'affaire. « Voilà qui permet de tordre le cou aux théories conspirationnistes une bonne fois pour toutes ! » claironne son équipe de campagne.

C'est oublier un peu vite que la capacité de jugement de la candidate, son comportement ont été mis en cause, et que ce sont là de nouvelles munitions que le camp adverse ne manquera pas d'utiliser.

Dès le lendemain de sa conférence de presse, le directeur du FBI comparaît devant la commission compétente du Congrès. Il réaffirme « qu'il existe des preuves d'une grande négligence, mais rien qui établisse que la secrétaire d'État était en train de violer la loi ». Le président républicain de la commission livre ce commentaire : « Il existe une inquiétude légitime à propos d'un système à deux poids, deux mesures. Les gens se disent que s'ils ne portent pas le nom de Clinton et qu'ils ne font pas partie de la puissante élite, alors la justice agira différemment à leur égard. »

Le même jour, d'un plateau de télévision à l'autre, Hillary Clinton proteste de sa bonne foi : « Je n'ai pas fait preuve de négligence, pas plus que les quelque trois cents personnes, au département d'État et à d'autres postes importants du gouvernement, qui à l'époque ont correspondu avec moi par voie électronique. Chacun assumait au mieux ses responsabilités. Comme je l'ai plusieurs fois répété, je n'imaginais sûrement pas qu'il s'agissait de contenu classifié. Et il n'existe aucune preuve qu'il y ait eu piratage. »

« Christine, le système est pourri ! assène Donald Trump dans un message adressé à tous ceux qui suivent sa campagne. Hillary la menteuse, la malhonnête, a été extrêmement négligente et incompétente. Le FBI la laisse filer : une preuve dégoûtante de la manière dont les politiciens professionnels ont truqué le système. Elle pense clairement qu'elle est au-dessus des lois ! Stop Hillary ! Envoie-moi 10, 20, 50, 100, 200 dollars ou plus pour battre Hillary et ses laquais et rendre sa grandeur à l'Amérique ! Hillary l'escroc, Hillary l'escroc ! »

5

Donald Trump : la forme et le fond

« Les déportations sont sur le point de commencer. Les marchés financiers plongent, la guerre commerciale est déclarée ! »

En avril dernier, quelques jours avant la primaire de l'État de New York, la fausse une du *Boston Globe* fait sensation : l'équipe éditoriale du journal a mis en page les premières mesures prises par le prochain président s'il s'appelle Donald Trump. Le lendemain, un dessinateur du *Washington Post* imagine les titres d'un nouveau quotidien, le *Trump Times* : « Les Mexicains terminent le mur, le dernier violeur fuit les États-Unis. L'Amérique gagne, le reste du monde se rend. D'anciens terroristes construisent un hôtel Trump. Les journalistes du *Boston Globe* bientôt torturés. »

Inutile de forcer la caricature. Les propositions du candidat ont galvanisé, d'un bout à l'autre de l'Amérique, la base du parti républicain, tant elles correspondent à la colère ambiante. Martelées en termes simples de discours en discours depuis son entrée en campagne en juin 2015, elles se suffisent à elles-mêmes.

Pour stopper l'immigration clandestine venue du Mexique qui expédie aux États-Unis ses violeurs, ses voleurs et ses trafiquants de drogue, il suffit de construire un mur tout le long de la frontière. Un très beau mur long de 1 600 kilomètres. Un mur d'autant plus magnifique, assure The Donald, qu'il le fera payer par le Mexique. Oui, insiste-t-il, par le Mexique. Lui saura exiger les 8 milliards de dollars nécessaires ! N'est-il pas le meilleur des négociateurs ? D'ici là, il faudra bloquer les transferts financiers que les immigrés envoient au pays de façon à rembourser les centaines de milliards dépensés par le contribuable pour leur santé et leur éducation. Les onze millions d'illégaux ? Pas compliqué : il faut les renvoyer chez eux, oui, chez eux – les onze millions, même les jeunes, les enfants auxquels le président Obama a honteusement offert protection. Aussitôt des emplois en quantité seront libérés pour les vrais Américains.

Comment procéder à l'expulsion d'une telle masse de gens ? Quelles méthodes, quelles infrastructures ? Le candidat ne s'embarrasse pas de détails. D'une primaire à l'autre, ses partisans hurlent leur approbation, voilà qui lui suffit. Dans la foulée, il propose de supprimer le droit du sol – trop facile de bénéficier du précieux passeport sous prétexte qu'on naît sur le territoire américain.

Son héros ? Le shérif Joe Arpaio, « le plus dur du pays » tel qu'il se définit lui-même, célèbre depuis l'Arizona pour sévir avec une particulière brutalité contre l'immigration clandestine. Favori des programmes de radio et de télévision ultra-conservateurs, souvent poursuivi pour abus de pouvoir et pratiques illégales à caractère raciste, le shérif, plusieurs fois réélu sous l'étiquette républicaine, avait à grand fracas « enquêté » sur les origines de Barack Obama et affirmé que le certificat de naissance produit par la Maison-Blanche pour authentifier sa citoyenneté était un faux. Arpaio a rallié le camp Trump dès le tout début de la campagne.

« Cliquez sur l'anglais ! » : l'un des sites qui promeuvent sur Internet la candidature du magnat de l'immobilier insiste sur l'« invasion » de la population et de la langue hispaniques, et la nécessité de préserver l'héritage anglo-saxon.

Si l'argument se révèle tellement efficace auprès de sympathisants déchaînés, c'est parce qu'il traduit à la fois le trouble identitaire qui a saisi la population laborieuse et une partie de la classe moyenne déboussolées, appauvries par la mondialisation, et la hantise du déclin démographique : la communauté blanche – caucasienne, selon l'expression traditionnelle – se reproduit moins vite que les minorités latino-américaine et asiatique. Selon le dernier recensement, quelque trente-cinq millions de personnes sur 322 millions d'Américains sont d'origine mexicaine. La population hispanique a augmenté de 43 % entre 2000 et 2010. Les Blancs non hispaniques, qui représentaient 90 % de l'électorat en 1972, n'étaient plus que 72 % en 2012 et ne seront plus majoritaires en 2042.

Comme l'explique Denis Lacorne, l'un des meilleurs experts français de la carte ethnique et politique américaine, enseignant à Stanford et à Sciences Po, la xénophobie et la posture populiste de Donald Trump revigorent un courant traditionnel au sein du parti républicain[1] : « Ainsi, Samuel

---

1. *De la religion en Amérique*, Gallimard Folio, 2012.

Huntington, le politologue de Harvard auteur d'un livre à succès sur le "choc des civilisations" et d'un autre ouvrage consacré à l'identité américaine, *Qui sommes-nous ?*[1], a voulu démontrer que les Latinos étaient inassimilables à cause de leur culture, de leur langue et de leurs mœurs, et qu'ils menaçaient le credo américain qui serait d'essence purement anglo-saxonne et puritaine. »

Donald Trump prolonge la longue filiation du nativisme – la doctrine qui depuis le début du XIXe siècle entend privilégier les individus nés sur le sol américain et ostraciser toute forme d'immigration, quelle qu'en soit l'origine.

« Les Blancs révulsés aujourd'hui par l'ascension des Hispaniques n'ont pas toujours été perçus comme tels, rappelle Denis Lacorne. Lorsque les Irlandais débarquent par millions au milieu du XIXe siècle, ils sont traités de singes et qualifiés de Noirs. Les Italiens, dans les années 1900-1910, sont souvent décrits comme des Africains… Cette année, trois millions de Latinos supplémentaires seront en âge de voter, et deux millions de plus auront acquis la citoyenneté américaine. En Amérique plus encore qu'ailleurs, selon la formule attribuée à Auguste Comte, la démographie est la destinée[2]. » Dès le début de la campagne de Donald Trump dans l'Iowa, lors d'une conférence de presse, son altercation avec un journaliste reconnu de la chaîne hispanophone Univision, Jorge Ramos, donne le ton : irrité par une question impromptue, le candidat ordonne à sa sécurité de l'expulser manu militari, suscitant aussitôt aux

---

1. Odile Jacob, 2004.
2. Entretien avec l'auteure, Paris, 17 mars 2016.

États-Unis et au Mexique la fureur des médias latinos. « Trump est le porte-parole de l'intolérance, de la haine et de la division dans le pays, s'exclame Ramos. Son seul mérite est d'avoir imposé l'immigration comme le thème majeur de cette campagne. Et quand il insulte les immigrés, quand il les menace, vous devez comprendre qu'il parle de nos parents, de nos amis, de nos enfants ! »

De mois en mois, la rhétorique anti-immigration provoque une violence croissante, verbale et physique. Fin avril 2016 à San Francisco, pendant la campagne pour la primaire de Californie où la communauté hispanophone est majoritaire, des manifestants encerclent l'hôtel où doit se tenir la réunion du candidat. « Trump, connard ! » hurlent-ils, brandissant des pancartes plus injurieuses encore. Protégé par un cordon de policiers, le milliardaire devra passer par une porte de service. « J'ai eu l'impression de passer la frontière ! » ironise-t-il. Les services secrets renforcent encore la protection de Mogul.

Au Mexique, les propos et les propositions de Donald Trump provoquent un séisme dans l'opinion. Au fil des primaires, ses succès électoraux obnubilent les milieux politiques et économiques. Deux anciens présidents conservateurs, Fox et Calderón, le comparent à Hitler. Enrique Pena Neto, le président actuel, confirme sur CNN que jamais son pays ne financera la construction d'un mur. Des sites sont lancés pour raconter en anglais les succès des Latinos aux États-Unis.

En février 2016, en visite au Mexique et aux États-Unis, le pape François tient à se rendre à la frontière entre les deux pays. Dans l'avion du retour, il condamne de façon lapidaire les propos du milliardaire : « Ce n'est pas digne d'un chrétien. » Dénonçant à sa façon cette ingérence dans le déroulement d'une campagne démocratique, Trump qualifie François de « pape politique » tout en expliquant que lui seul, s'il est élu, serait capable de protéger le Vatican des menaces de Daech.

Parmi les immigrés d'origine mexicaine bénéficiant d'un statut légal, on constate au fil des mois un fort accroissement des demandes de naturalisation et d'inscription sur les listes électorales. Les experts conservateurs sont inquiets : l'argumentaire anti-immigration ne peut que braquer un électorat précieux pour le camp républicain, d'autant qu'il avait déjà fait défaut à Mitt Romney, le candidat à l'élection de 2012. Trump, lui, ne se laisse pas démonter, affirmant qu'il a employé des milliers de Latinos pour construire ses hôtels – surtout des illégaux, soulignent aussitôt ses adversaires. « Des gens formidables ! insiste le candidat. Je vous assure que je fais un tabac auprès d'eux ! Je les connais bien ! »

De primaire en primaire, les résultats vont le démentir. Les Latinos le fuient, les minorités asiatique et musulmane le craignent.

Mogul préfère consolider son socle populaire, réussissant à l'élargir au sein des strates les moins éduquées, les plus inquiètes de la classe moyenne blanche, ralliant à sa cause de nouveaux militants. « J'aime les gens qui n'ont pas fait d'études ! lance-t-il à tout bout de champ. Je sens leur colère, je suis leur colère ! »

Tout au long de la campagne, The Donald va transformer la manière de faire de la politique. Plus besoin d'un programme argumenté, d'une armée d'experts pour couvrir tous les segments minutieusement répertoriés d'un électorat. Inutile de changer de registre selon que l'on s'adresse à ses militants, à ses concurrents dans un débat télévisé ou aux journalistes du microcosme : Trump fait du Trump, c'est ce qui marche.

« Pour comprendre le phénomène, il faut le rapprocher de la culture des jeunes Américains d'aujourd'hui – la culture de la téléréalité, la pop culture, le pop art, explique Denis Lacorne. Le vocabulaire et la grammaire sont ceux d'un enfant de 8 ans. Trump incarne la *pop politics* : on cultive le langage de la vulgarité et de l'insulte, on recycle les stéréotypes les plus éculés tels Warhol et les canettes de Campbell Soup. Comme dans la téléréalité, on affirme parler le langage de la sincérité, de l'authenticité, au contraire de la langue de bois des politiques : "Vous pouvez me faire confiance, moi je ne cache rien !" »

Mark McKinnon, un vétéran de la communication politique qui avait contribué aux campagnes victorieuses de George W. Bush, confirme ce bouleversement des codes : « Les hommes politiques ont par définition horreur du risque. Pour satisfaire l'électeur, ils vont vérifier les arguments qui ont fonctionné dans le passé. Aujourd'hui, c'est l'inverse : comme dans la fiction, on veut de la surprise, des rebondissements. D'où le succès de Donald Trump. »

Le milliardaire new-yorkais est à son affaire. Il a du métier. Il connaît les ressorts de la téléréalité, il sait fabriquer de l'émotion, en jouer à son avantage. Avant même le début des primaires, son nom est familier à 91 % des Américains, selon l'institut Gallup. Il ne cessera de louvoyer avec les médias traditionnels, profitant de l'attention effrénée qui lui est portée, conscient de la valeur de ce temps d'antenne qu'à la différence de ses concurrents, il n'a pas à financer. Cette couverture gratuite, rapportée aux tarifs publicitaires pratiqués par les chaînes de télévision et de radio en période électorale, équivaut à la fin de la campagne des primaires à un budget de 2 milliards de dollars.

« Je participe à l'une de ces émissions politiques à la télé et ils doublent, ils triplent leur score ! » claironne le candidat. L'audience, répète-t-il, l'audience telle qu'on la mesure commercialement, c'est le vrai pouvoir.

En connaisseur, Steve Case, le fondateur d'AOL, résume les atouts de Donald Trump : « La combinaison des réseaux sociaux (fort contingent de fidèles), de la marque (une célébrité), de la créativité (messages cinglants sur Twitter), de la rapidité et du sens du rythme (maîtrise des cycles d'information). »

Dès les premiers débats télévisés, The Donald démontre sa maîtrise du média, s'ingéniant à ridiculiser ses rivaux et à les opposer les uns aux autres. Ces derniers tombent dans le piège, s'évertuant à s'attaquer mutuellement plutôt qu'à riposter au milliardaire newyorkais. Pourquoi prendre au sérieux cet histrion qui n'a aucune expérience des affaires publiques alors qu'euxmêmes, gouverneurs ou sénateurs pour la plupart, sont des professionnels ? Au fil des mois, ils ne cesseront de s'enliser, incapables de manipuler à leur profit les nouveaux outils de la communication politique.

YouTube, Reddit, Snapchat, Buzzfeed... La technologie aidant, Trump inaugure la parole politique qui va directement du producteur au consommateur. Il n'a que mépris pour les journalistes traditionnels, « les gens les plus malhonnêtes du monde » selon lui, à commencer par ceux du *New York Times* – « *the failing* New York Times, le journal de l'échec ».

Donald Trump compte 11 millions de fidèles sur Twitter. Il a le trait assassin et la gâchette rapide. Aux petites heures du matin, il cible lui-même ses proies : journalistes, commentateurs, personnalités politiques, tous ont droit à leur bordée d'épithètes. Il nourrit le flux sans discontinuer, ne s'interrompant que pour alimenter les titres de l'actualité télévisée. Son mode d'expression convient parfaitement aux réseaux sociaux – lapidaire, expéditif, et parfaitement indifférent à la réalité des faits. L'époque n'est plus à la remise en cause de ce que l'on croit, mais à la consolidation de convictions partagées, aussi erronées soient-elles.

Selon PolitiFact.com qui les a vérifiées, 43 % des affirmations signées « @realDonaldTrump » sont fausses – soit une toutes les cinq minutes. Aucune importance. Le flux informatique noie le réel.

Depuis toujours, le promoteur immobilier a la passion des conspirations. Il adore les théories du complot et n'hésite jamais à s'en inspirer pour alimenter sa campagne. Le propos importe peu puisque les réseaux sociaux permettent de semer le doute, de noircir les réputations et de répandre des insinuations en tout genre sans jamais en assumer la paternité.

La mort d'Antonin Scalia, 79 ans, juge à la Cour suprême, dans un ranch du Texas en février 2016, en pleine campagne électorale ? « Ils disent qu'on a trouvé un oreiller sur son visage. Bizarre endroit pour un oreiller… »

L'épidémie Ebola ? « On a laissé rentrer un médecin malade. Obama fait tout pour introduire la maladie aux États-Unis. Il devrait présenter ses excuses au peuple américain et démissionner ! »

Les vraies origines du quarante-quatrième président ? « On enquête sur sa naissance. Vous n'imaginez pas ce qu'on a découvert... »

La charia instaurée aux États-Unis ? « C'est ce que souhaite une juge de la Cour suprême. »

Qu'importe alors si les incidents se multiplient puisqu'ils font les titres des médias sans faire trébucher The Donald dans les urnes. N'a-t-il pas affirmé un jour : « Je pourrais flinguer un type en pleine 5ᵉ Avenue à New York, les gens voteraient quand même pour moi ! »

De primaire en primaire, des États du Sud au Nord-Est, où il remporte le grand chelem en avril, les résultats dans le camp républicain lui donnent raison.

Pourtant les accrocs ne manquent pas.

Quand David Duke, un ancien dirigeant du Ku Klux Klan, antisémite notoire, devenu animateur sur une radio conservatrice, lui témoigne son soutien, l'homme d'affaires commence par le remercier gracieusement par téléphone. Puis, face au tollé, il prétend avoir mal entendu « car la ligne était mauvaise ». Au journaliste de CNN qui lui demande s'il condamne explicitement ce révisionniste assumé, défenseur de la race blanche, Trump répond :

« Je ne sais rien de lui... Je ne connais pas ce groupe...

— Vous ne connaissez pas le Ku Klux Klan ? demande le journaliste interloqué.

— Vous ne voudriez quand même pas que je condamne un groupe dont je ne sais rien, reprend Trump. Il faudrait que je me renseigne… »

Deux jours plus tard, interrogé sur la chaîne Bloomberg, il affirme : « Rien ne me choque. Les gens sont en colère. Ce type me soutient ? OK, d'accord. Je n'en ai pas besoin… Je n'en voudrais certainement pas. »

Plusieurs médias rappelleront alors que son père, Fred Trump, avait été arrêté en 1927 après avoir participé à une manifestation du KKK, qui avait dégénéré.

« Il vaut mieux vivre un jour comme un lion que cent ans comme un mouton ! » Sur Twitter, authentifiée par la signature du candidat – @realDonaldTrump#MakeAmerica-GreatAgain –, la répétition de cette formule attribuée à Mussolini fait sensation. Le journaliste de NBC lui demande s'il sait qui était Benito.

« Écoutez, Mussolini était Mussolini, répond Trump. C'est une très bonne citation, très intéressante, et je sais qui l'a dite. Mais qu'est-ce que ça change, que ce soit Mussolini ou un autre ?

— Voulez-vous être associé à un fasciste ? riposte le journaliste.

— Non, répond le candidat. Je veux être associé à des citations intéressantes. Et celle-là a retenu votre intérêt, non ? »

De meeting en meeting, The Donald dit tout haut ce que tant de ceux que l'on surnomme les petits Blancs – mais aussi les privilégiés d'autres milieux sociaux – murmurent entre eux.

Fustigeant le politiquement correct, il libère une parole au racisme latent et ne s'embarrasse d'aucune précaution quand il s'en prend aux musulmans – tous, à l'entendre, des terroristes en puissance. Il prétend même avoir vu des barbus danser de joie au lendemain des attentats du 11 septembre 2001 dans le New Jersey – l'État limitrophe de New York où réside une importante communauté d'origine moyen-orientale. Par la même occasion, gesticulations à l'appui, il se moque d'un journaliste handicapé du *New York Times*, auquel il attribue cette fausse information.

En décembre 2015, quatorze personnes trouvent la mort dans une fusillade à San Bernardino, en Californie. Perpétrée par un couple d'Américains convertis au djihad et se réclamant de l'organisation de l'État islamique, la tuerie alimente la psychose collective.

Pas question de laisser un seul musulman de plus pénétrer sur le territoire ! tonne alors le candidat au risque de compromettre les intérêts commerciaux de la marque Trump dans le monde arabe. « Les djihadistes quittent notre pays, puis reviennent, et nous on leur dit bienvenue ! Non, ils ne devraient jamais revenir ! Ils ont la haine de l'Amérique !… On a un président tellement mou, tellement faible, une vraie fillette ! Il n'ose même pas nommer l'ennemi ! » De meeting en débat télévisé, le milliardaire pourfend Barack Obama, rejoignant le chœur du parti républicain qui, dès les débuts du premier mandat, a fait de la dénonciation du président élu son seul programme politique. « Oui, nous sommes en guerre contre l'islamisme radical ! Et il n'ose même pas le dire ! » Ce n'est pas seulement de l'incompétence, laisse-t-il entendre en s'adressant fin 2015 à la Republican Jewish Coalition, c'est pire : « Il se passe quelque chose de louche, et on nous le cache ! »

112

Les réfugiés fuient par centaines de milliers les brasiers du Proche-Orient ? Ce n'est pas notre problème, affirme Donald Trump. Pas question de laisser entrer des Syriens, ou alors il faut les ficher et les surveiller, ajoute-t-il, se comparant à Franklin Roosevelt qui, pendant la Seconde Guerre mondiale, avait fait interner dans des camps des milliers de ressortissants et de descendants japonais, allemands et italiens. Il faut aussi renforcer le contrôle d'Internet, peut-être même l'interdire partiellement. « On me dira : et la liberté d'expression ? Mais ceux qui disent ça sont fous... » L'homme d'affaires prétend que ses « nombreux amis musulmans le félicitent d'exiger tout haut ce qu'ils n'osent évoquer tout bas. Croyez-moi, j'ai beaucoup d'amis qui sont musulmans. Dans la plupart des cas, ce sont des musulmans très riches. OK ?... Eux pourront venir. Il y aura des exceptions. »

Le maire de Londres ne veut pas en être. En mai 2016, à peine élu, Sadiq Khan, avocat, musulman, sujet britannique d'origine pakistanaise, tourne en dérision la proposition du candidat républicain qui se disait prêt, exceptionnellement, à le laisser rentrer en Amérique : « Je n'ai aucune envie d'être une exception, a-t-il réagi. M. Trump fait le jeu des extrémistes, il ne connaît rien à l'islam. Ma victoire prouve que ma religion est compatible avec les valeurs occidentales, c'est bien ce qui le gêne. » « On ne va pas avoir de très bonnes relations ! Lui non plus ne veut pas s'attaquer au problème ! » répond Donald Trump à l'adresse de David Cameron, alors Premier ministre britannique, qui avait qualifié ses propositions en matière d'immigration de « stupides et moralement répréhensibles ».

Pour l'homme d'affaires, certaines valeurs doivent être oubliées quand les circonstances l'exigent. Ainsi, pour venir à bout des terroristes, il faut employer les bonnes vieilles méthodes – et d'abord la torture. À l'entendre, le *water boarding*, la simulation de noyade jusqu'à suffocation, n'est pas pratiqué avec assez de détermination. « C'est de la gnognotte par rapport à ce qu'ils nous font subir ! » s'exclame-t-il en mentionnant la décapitation du journaliste américain James Foley en août 2014. « Salah Abdeslam parlerait beaucoup plus vite sous la torture et on aurait évité les attentats de Bruxelles ! » L'un des fils Trump, Eric, va jusqu'à comparer la pratique à un aimable rite initiatique de certains clubs étudiants. Le père ajoute qu'il donnerait aux militaires l'autorisation d'assassiner aussi les enfants et les familles des terroristes.

« J'ai toujours été un meneur d'hommes, affirme-t-il. Je n'ai jamais eu aucun problème de ce côté-là. Si je leur dis de le faire, ils le feront ! »

C'est le tollé. Un ancien directeur de la CIA sort du bois pour affirmer que l'armée refuserait d'obéir à de tels ordres, devenus illégaux par décision conjointe de la Maison-Blanche et du Congrès. La torture et l'assassinat collatéral sont interdits par les conventions de Genève. Le sort de certains prisonniers détenus au centre de Guantánamo reste néanmoins en suspens : paralysé par le Congrès républicain, le président Obama, malgré ses promesses, n'a toujours pas procédé à sa fermeture.

Donald Trump amorce une marche arrière. « Bien sûr je respecterai les lois. Je ne demanderai pas à notre armée ou à d'autres responsables de violer la loi… », assure-t-il au *Wall Street Journal*, justifiant son changement de ton par « la nécessité pour un dirigeant d'être flexible ». Puis il affirme qu'après tout, ces lois devraient être changées.

La flexibilité est de mise, et aussi l'absence de limites, à un point parfois stupéfiant. En janvier 2016, un groupe terroriste somalien, al-Shabaab, affilié à al-Qaïda, diffuse sur Internet une vidéo pour convaincre les Américains musulmans qu'ils vivent dans un pays raciste et qu'ils doivent rejoindre le djihad. À l'appui, des images de violence contre des Afro-Américains à Ferguson et à Baltimore, et des extraits d'un discours de Trump en appelant à la surveillance des mosquées et au fichage de tous les ressortissants musulmans. En moins d'une heure, sur Twitter, on voit apparaître un message du candidat @Trumpofficial qui se glorifie d'avoir été ainsi choisi. « Shabaab ne se serait jamais servi d'un autre candidat, et surtout pas de Jeb Bush ! Ils savent que c'est un loser ! » Engageant un échange avec le groupe djihadiste, le magnat de l'immobilier, fidèle à lui-même, réclame 2 millions de dollars pour toute utilisation supplémentaire de son image et le contrôle final du montage. Dans un communiqué dont les autorités ont refusé de garantir l'authenticité, un porte-parole du Shabaab annonce alors que le dialogue est rompu : « Trop difficile de travailler avec lui ! »

L'élite politique et médiatique de Washington a beau s'en offusquer, les beaux esprits se tordre le nez, le fait demeure : chaque fois que Donald Trump profère ce qui leur paraît être une énormité, le nombre de ses partisans augmente.

En as du marketing, Donald Trump a compris le ressort qui anime désormais cette Amérique blanche de la classe moyenne, ces cols bleus appauvris par la crise économique, effrayés par la mondialisation, menacés dans leur identité par une société pluriethnique dont ils récusent les valeurs. Ce ressort, c'est la peur.

Au lendemain des attentats terroristes qui ensanglantent Bruxelles, le 22 mars 2016, sans un mot de compassion, Donald Trump bondit sur l'occasion pour affirmer que les faits lui donnent raison. « Bruxelles, un désastre total ! La peur du terrorisme explique sûrement ma position de numéro un dans les sondages ! » Déjà, en novembre 2015, après les attentats de Paris, il avait affirmé : « Paris, quel désastre ! Et pour moi, cela a donné une autre tournure aux choses… Si au moins il y avait eu quelques types avec des fusils pour se défendre ! Mais il n'y a pas pire que Paris, que la France, pour interdire les armes à feu. »

Voilà bien une déclaration qui s'inscrit dans la pure orthodoxie du parti républicain : pas question de toucher au deuxième amendement de la Constitution, qui fait de la possession et du port d'une arme à feu un droit fondamental. Amateur d'armes comme ses deux fils aînés, membres de la toute-puissante National Rifle Association qui adoube officiellement le candidat lors de son congrès à Louisville, dans le Kentucky, en mai 2016, Donald Trump a fait assaut de promesses tout au long de la campagne. Il s'engage à révoquer avant toute chose les timides mesures prises par Barack Obama au lendemain de l'attentat de San Bernardino : il veut mettre fin aux *gun free zones*, ces lieux, dont les écoles, où les armes sont illégales. Tout au plus envisage-t-il d'interdire le port d'arme aux individus fichés pour sympathies terroristes.

Quant à l'organisation de l'État islamique, sa conviction est claire : il faut l'exterminer. Il envisagerait même d'utiliser des armes nucléaires tactiques. À défaut, 20 000 à 30 000 troupes au sol suffiraient. Mais il ne les enverrait pas : franchement, c'est aux autres de le faire – à ces États arabes tenus à bout de bras depuis trop longtemps par les États-Unis. À eux de payer pour leur propre défense !

De toute façon, l'armée américaine est dans un état pitoyable – un désastre ! Trump président lui rendrait les moyens de faire peur au reste du monde. Personne, vous m'entendez, personne, vraiment personne n'osera nous chatouiller les orteils ! Personne ! Depuis le Vietnam, toutes les interventions extérieures ont été des catastrophes, insiste-t-il. La Libye ? Un désordre total – à l'époque de Kadhafi, il y a fait de très bonnes affaires. L'Irak ? Une grosse et fatale erreur. Saddam Hussein n'était pas sympathique, mais au moins il savait tuer les terroristes.

Le monde nucléarisé, c'est un problème, un gros problème, poursuit le candidat républicain. Mais il vaudrait mieux que le Japon et la Corée du Sud s'équipent à leur tour d'armement nucléaire pour équilibrer les choses. En tout cas, ils doivent payer davantage pour la protection américaine. Quant à la menace brandie par la Corée du Nord, pourquoi ne pas discuter d'homme à homme avec le président Kim Jong-un, « un garçon intéressant qui très jeune a réussi à faire le vide autour de lui » ? Ce dernier fera répondre par son ambassadeur aux Nations unies à Genève qu'il ne veut pas devenir « un outil de propagande ou de publicité » à la disposition de l'homme d'affaires.

Assez de mauvais deals, comme cet absurde accord avec l'Iran négocié par l'administration Obama, reprend Mogul. Il fallait au moins quitter la table deux ou trois fois pour obtenir mieux ! Donc, fini d'acheter du pétrole aux Saoudiens s'ils ne s'en prennent pas sérieusement à Daech ; fini d'ouvrir les marchés à la Chine qui se renforce en Asie-Pacifique ; fini les alliances avec des pays qui ne payent pas leur part. Le magnat de l'immobilier le disait déjà dans les années 1980, quand il avait acheté une pleine page dans plusieurs journaux pour dénoncer les largesses accordées par l'administration Reagan au Japon et à l'Arabie saoudite. Les bases américaines à l'étranger ? Trop cher. L'OTAN ? Pas intéressant, une institution obsolète. De toute façon, nos alliés nous exploitent. Vis-à-vis d'eux aussi, la meilleure arme dont disposent les États-Unis, c'est le commerce international. Nous avons un gros bâton, il faut nous en servir au mieux de nos intérêts.

Il est un seul sujet à propos duquel Donald Trump fait montre de prudence et de continuité par rapport à la ligne du parti dont il porte les couleurs : Israël. En mars dernier, à Washington, lors de la conférence annuelle de l'Aipac, le très puissant lobby israélo-américain, le candidat s'en est tenu pour une fois à un texte écrit. Souhaitant comme il se doit le transfert de l'ambassade américaine de Tel-Aviv à Jérusalem, il s'en est pris à l'ONU, « ennemie de la démocratie israélienne, et à la politique de Barack Obama à l'égard de l'Iran – la pire chose qui soit jamais arrivée à Israël », a-t-il lancé sous les vivats. Alors qu'il prônait auparavant une attitude de « neutralité nécessaire » entre Israël et les Palestiniens pour parvenir « à un bon deal », c'est-à-dire à la paix, il s'est abstenu de la moindre allusion à la politique de colonisation poursuivie par le gouvernement israélien. Et pour solenniser son engagement, il a fait état de la conversion de sa fille aînée au judaïsme pour cause de mariage avec un juif orthodoxe.

S'il applaudit pour la forme Benjamin Netanyahou, aucun des dirigeants au pouvoir aujourd'hui n'impressionne véritablement Donald Trump – sûrement pas Angela Merkel qui, selon lui, détruit l'Allemagne à force de naïveté, « ou pire », dans sa gestion de la crise des réfugiés. Le seul qui trouve grâce à ses yeux s'appelle Vladimir Poutine, « un leader très respecté dans son propre pays et au-delà ». Il faut dire que le président russe, très tôt dans la campagne, l'avait lui-même applaudi – « une personnalité au talent exceptionnel ! » avait lancé celui qui demeure l'ami intime de Silvio Berlusconi.

Face à la remise en cause de la plupart des principes traditionnels de la politique étrangère américaine, les élites de tous bords s'étranglent et fustigent le simplisme stupéfiant du milliardaire.

D'un long entretien avec lui sur sa vision internationale, Maggie Haberman et David Sanger tirent dans le *New York Times* une conclusion plus subtile : le magnat de l'immobilier aborde systématiquement les problèmes sous l'angle d'une négociation commerciale, comme s'il s'agissait au coup par coup d'obtenir les meilleures conditions, sans nécessairement nourrir une stratégie à long terme. Il faut paraître imprévisible, insiste l'homme d'affaires. « Moi, quand je négocie, je veux à tout prix éviter que mon adversaire comprenne ma façon de penser… » À l'entendre, les États-Unis sont sans arrêt manipulés, exploités, ridiculisés par le reste du monde – un géant, certes, mais stupide, aveugle, mal dirigé, constamment grugé par les autres. Et croyez-moi, ajoute-t-il, je connais mon sujet.

C'est bien la perception qui habite nombre d'Américains – ceux qui ont perdu des fils en Afghanistan et en Irak, ceux qui ne voient le monde que sous forme de menaces, ceux qui n'arrivent pas à renouer avec le rêve américain et qui craignent pour le maintien de leur mode de vie.

Isolationnisme, nationalisme, nativisme, protectionnisme, l'Amérique d'abord. Donald Trump a parfaitement saisi l'état d'esprit d'une bonne partie de son électorat : ce n'est pas à l'Amérique et à ses contribuables de se préoccuper de l'amélioration du monde.

Il affiche ainsi sa rupture avec les deux grands courants qui structurent la politique étrangère américaine : l'interventionnisme et le néo-conservatisme. Pour les républicains, c'en est bien fini de la tradition incarnée depuis la guerre froide par Ronald Reagan, prolongée par les présidents Bush père et fils, utilisant tous les atouts de la puissance américaine pour promouvoir les valeurs universelles du libéralisme économique et politique.

En quelques mois, l'ascension de Donald Trump n'a cessé de confondre les meilleurs experts. Loin de s'inscrire dans la tradition politique du conservatisme, le magnat de l'immobilier a rompu sans ambages avec certains des dogmes les plus sacrés du Grand Old Party.

D'entrée, il est parti en guerre contre le libre-échange en matière commerciale – pourtant le credo de toutes les administrations républicaines depuis les années 1950. Traditionnellement subventionné par les grandes entreprises et des intérêts financiers puissants, le parti républicain a toujours utilisé son pouvoir à la Maison-Blanche et au Congrès pour promouvoir leurs intérêts et plaider pour l'ouverture des marchés. La plupart des économistes attribuent à cette politique, poursuivie par le parti démocrate, l'expansion de l'économie américaine, en tout cas jusqu'à la crise financière de 2008.

Donald Trump, lui, pourfend ces traités commerciaux qui, dit-il, n'ont fait qu'appauvrir l'Amérique au profit de la Chine, du Mexique, des Philippines – tous ces pays où des entreprises américaines ne cessent de délocaliser des emplois. Qu'il ait fait de même, notamment pour sa ligne de vêtements fabriqués de l'autre côté de cette frontière qu'il veut fortifier, ne l'embarrasse en rien. Les attaques rebondissent sur lui comme sur du Teflon, sans une égratignure. « Nous perdons de l'argent avec tous les pays, proclame-t-il. Un demi-trillion de dollars de déficit ! Vous imaginez ? »

Pas la peine de se perdre en leçons d'économie : en campagne, l'effet est garanti. Ford a l'intention de construire une usine au Mexique pour y construire une ligne de petites voitures ? « Une honte absolue ! » s'exclame le candidat, oubliant que le syndicat majoritaire des United Automobile Workers ne s'oppose pas au projet et que la marque automobile a créé vingt-cinq mille emplois aux États-Unis depuis la récession. Apple ? « Je les obligerai à construire leurs foutus ordinateurs et autres bazars dans ce pays plutôt qu'à l'étranger. » Les biscuits Oreo ? « Je les adore mais je n'en mangerai plus », puisqu'une unité de fabrication va être installée au Mexique. Carrier, spécialiste des appareils d'air conditionné, Caterpillar et ses tracteurs s'attirent pour les mêmes raisons les foudres du candidat et les huées des supporters. « Moi, j'appellerai le grand patron – Trump mime la scène, la main en cornet. Et vous savez quoi ? Devinez ? Il changera d'avis ! Moi, je suis fort ! Il changera d'avis ! » La foule hurle son approbation.

En 2016, Donald Trump a fait le calcul exactement inverse du candidat républicain à l'élection de 2012, Mitt Romney. Lui-même représentatif de cette élite républicaine fortunée – il avait fondé Bain Capital, l'une des plus grandes sociétés d'investissement américaines –, Romney s'adressait d'abord à ses pairs. Champion du populisme économique, le milliardaire new-yorkais, lui, ne parle qu'à ceux qui s'estiment lésés par le système, délaissés par l'élite d'un parti dans lequel ils ne se reconnaissent plus.

« Moi, je connais ces types-là, ceux qui travaillent, les vrais Américains, déclare le milliardaire à *The Economist*. Quand j'étais jeune, mon père me faisait travailler l'été sur ses chantiers avec les charpentiers, les électriciens, à Brooklyn et dans le Queens… Je les connais bien, et je les comprends ! »[1]

« Depuis les origines, explique Richard Skinner, professeur de sciences politiques à la Johns Hopkins University et à la George Washington University, le parti républicain a toujours mis en avant les intérêts communs entre le monde du capital et le monde du travail. En revanche Donald Trump utilise un langage populiste pour dénoncer Wall Street et déplorer les pressions que subissent les ouvriers américains. »

---

1. *The Economist* 7 mai 2016.

Le monde, selon lui et contrairement à la vulgate républicaine, n'est pas divisé entre la droite et la gauche, entre le bien et le mal, mais entre les gagnants et les perdants.

« Moi, j'adore l'argent, répète l'homme d'affaires de meeting en meeting. L'argent, on va en accumuler pour l'Amérique. On va en prendre, en prendre, en prendre ! On va faire rentrer tellement d'argent, tellement ! » Les supporteurs applaudissent à tout rompre.

Pas question cependant d'augmenter le salaire minimum. Au contraire, les rémunérations sont trop élevées, c'est mauvais pour la compétitivité. Il lui paraît plus simple d'augmenter les droits de douane sur les produits chinois. Ses admirateurs ne pipent mot. Ils sont là pour le croire sur parole – il a si bien réussi, c'est un homme d'affaires, il connaît l'économie !

Son programme fiscal reflète les mêmes contradictions. Il veut supprimer l'impôt sur le revenu pour les plus modestes (moins de 25 000 dollars de revenus). Mais les plus aisés seront eux aussi gâtés avec un taux d'imposition abaissé de 39,6 % à 25 %. L'impôt sur les sociétés passerait de 35 % à 15 %. De quoi satisfaire plusieurs catégories d'électeurs, sauf les gestionnaires de fonds d'investissement – The Donald ne les aime pas – dont les niches fiscales seraient supprimées. Les analystes restent perplexes face aux pertes de recettes ainsi engendrées, d'autant que le candidat se garde bien de préciser les coupes à envisager dans le budget fédéral.

Pas question de toucher au système de Sécurité sociale. Là aussi, les positions du candidat contredisent les thèses conservatrices sans être très claires pour autant. Assurance complémentaire santé obligatoire ? Allocation de fonds fédéraux aux États pour subventionner les plus pauvres ?

« Nous n'en sommes qu'au début de nos réflexions sur la question, reconnaît un membre de son équipe. En tout cas, nous ne nous rangerons pas à l'avis de l'élite républicaine de Washington que nous combattons. »

Reste la question du changement climatique, dont les idéologues du parti et les secteurs de l'énergie qui le financent dénoncent la réalité avec véhémence. En mai 2016, dans le Dakota du Nord, un État frappé de plein fouet par le déclin du charbon et les difficultés du marché des bitumineux, le magnat de l'immobilier annonce en fanfare son programme : relance de l'exploitation du pétrole et du gaz de schiste, feu vert au projet, bloqué par Barack Obama, du pipeline Keystone XL qui amènerait la production canadienne vers les ports de la Gulf Coast, et dénonciation immédiate des accords de Paris sur le climat. « Cet accord permet à des bureaucrates étrangers de contrôler notre consommation d'énergie chez nous, dans notre pays. Pas question ! déclare-t-il. Nous allons traiter les vrais défis environnementaux, pas les bidons dont on nous farcit les oreilles. »

Sur les questions de société qui embrasent l'Amérique depuis des années et dominent le débat politique, The Donald cultive le flou avec un cynisme qui le met parfois à contre-pied du parti républicain et de l'électorat qu'il cultive.

Ainsi les droits des homosexuels et des transgenres – l'une des causes qui soudent contre elles la majorité des conservateurs.

Familier des milieux du show-business new-yorkais, finançant dès les années 1980 la lutte contre le sida, employant dans ses diverses entreprises des gens de tous milieux et de toutes pratiques sexuelles, Donald Trump

ondoie. Au moment où l'Amérique entière semble obnu-
bilée par la question des WC – hommes ou femmes ?
– que devraient utiliser les transgenres, il a surpris son
monde en se prononçant contre une réglementation
contraignante adoptée en Caroline du Nord. Il a même
proposé au transgenre le plus célèbre d'Amérique, Cait-
lyn (Bruce) Jenner, un ancien médaillé olympique du
décathlon, d'utiliser les toilettes féminines à la Trump
Tower de Manhattan. De quoi entretenir la suspicion des
ultra-conservateurs à l'égard du milliardaire.

Un temps favorable à l'union civile, il est hostile au
mariage homosexuel, mais évite d'en faire un thème de
campagne : « Moi, je suis pour la tradition : un homme,
une femme. C'est comme au golf – je suis contre l'autorisation de clubs plus long pour le putting... »

Donald Trump croit aux valeurs de la famille et affiche
la sienne avec fierté. C'est une tradition politique américaine à laquelle tous sacrifient abondamment. D'estrade
en estrade, quatre des cinq enfants du milliardaire sont à
la parade. Le plus jeune, Barron, 10 ans, en est exempté,
mais Donald cite volontiers ses commentaires désobli-
geants à l'égard des concurrents de son père.

Ils sont beaux, épanouis, répondant à tous les canons
contemporains de l'industrie de la célébrité. Ils jouent leur
rôle à la perfection : Donald Jr., 38 ans, Eric, 32 ans,
assortis d'épouses parfaitement accordées aux exigences
esthétiques de leur beau-père, Ivanka, 34 ans, la plus impli-
quée dans les affaires immobilières, et Tiffany, 22 ans.

Évidemment, il y a quelques fausses notes. À propos
de cette dernière, avant la campagne, il avait déclaré
que si elle n'était pas sa fille, il la mettrait volontiers

dans son lit. Les fils ont été brocardés pour avoir pendu un éléphant par les pieds lors d'un safari en Afrique – les photos ont circulé sur Internet –, mais la curiosité l'emporte.

En réunion électorale ou dans les médias, désormais fascinés par la saga familiale, chacun des enfants, bien rodé, y va de son compliment à l'égard du géniteur : « Il est si authentique, tellement naturel, dit Eric. Pas l'un de ces candidats formatés par les experts en sondages d'opinion. » « Je me souviens, dit Donald Jr., admiratif, je jouais par terre avec mes camions miniatures et lui négociait ces fabuleux contrats dans la même pièce avec des grands patrons ! » Ils avaient pourtant oublié de s'inscrire à temps sur les listes électorales ; ils n'ont pas pu voter pour lui à New York.

« Les enfants Trump diffusent tout ce que leur père n'est pas : le sérieux, la mesure, la bienséance », souligne Carolyn Bowman, spécialiste des sondages à l'American Enterprise Institute, le principal think tank conservateur de Washington. Les trois aînés jouent un rôle majeur dans la campagne de leur père, qui leur manifeste une confiance absolue. « Je n'ai pas été un bon mari, dit volontiers ce dernier, mais je suis un très bon père ! »

Melania Trump, l'épouse, est beaucoup plus discrète. Elle apparaît rarement dans les meetings, visiblement embarrassée quand Donald, ne manquant jamais de vanter sa beauté, lui demande de monter sur scène pour prononcer quelques mots. « Bonjour tout le monde, dit-elle alors d'une voix teintée d'accent slave, c'est merveilleux, d'être ici. Merveilleux. Et mon mari fera un merveilleux président. Merveilleux. »

Née en Slovénie, mannequin en Europe puis à New York, elle rencontre le milliardaire en 1998 et l'épouse en grande pompe en 2005, devant cinq cents invités, dans la propriété familiale de Palm Beach, parée d'une robe Dior brodée de cristaux. Elle sera naturalisée l'année suivante. Ils ont vingt-quatre ans d'écart.

Belle et réservée, mère de leur fils de 10 ans qu'elle tient à élever elle-même, créatrice d'une ligne de bijoux et de montres vendues par correspondance, étalant jusque-là tous les attributs d'une vie luxueuse à la new-yorkaise, Mme Trump n'a de son propre aveu aucun goût pour la politique. « Je ne m'en occupe pas, confie-t-elle dans une rare interview au magazine *GQ*. La politique, c'est l'affaire de mon mari. Bien sûr, j'ai mes opinions, que je partage avec lui. Est-ce que je lui donne des conseils ? Personne n'a besoin d'être au courant. C'est entre moi et mon mari. » Se voit-elle un jour à la Maison-Blanche ? Quel genre de première dame aimerait-elle être ? Plutôt Hillary, plutôt Michelle, plutôt Jackie ? Jackie Kennedy, répond-elle sans hésitation et sans plus de commentaire.

Une fois la presse moins ébaubie par le phénomène Trump, une enquête révélera que Melania Knauss a travaillé illégalement à New York pendant un an et qu'elle n'a jamais obtenu de l'université de Slovénie le diplôme de design et d'architecture dont elle se targuait sur son site Internet.

« Il y a des mecs qui me disent qu'ils veulent des femmes de caractère, pas de jolis mannequins. Cela veut juste dire qu'ils ne peuvent pas s'offrir de jolis mannequins ! » confiait le milliardaire il y a quelques années à l'éditorialiste du *New York Times* Maureen Dowd. « Melania est faite pour moi ! » proclame-t-il dans l'une de ces émissions nocturnes où les animateurs de télévision font assaut de provocation. Avec Donald Trump, la riposte est garantie : il maîtrise parfaitement le comique de l'insulte.

« Que feriez-vous de Melania, lui demande un soir Howard Stern, si elle sortait tout amochée d'un accident de voiture ?

— Ça dépend, répond The Donald. Si les seins sont intacts, je la garde. »

La question de l'avortement reste l'une des plus explosives du débat public américain. Depuis Roe v. Wade, l'arrêt de la Cour suprême qui en 1973 a reconnu l'interruption volontaire de grossesse comme un droit constitutionnel, elle départage les familles politiques, divise les Églises et différencie les États, les plus conservateurs multipliant les obstacles à son application.

À la différence du parti dont il quête l'adoubement, Donald Trump s'est depuis longtemps déclaré favorable au planning familial. Il a soutenu financièrement Planned Parenthood, l'organisation non gouvernementale qui depuis un siècle procure aux femmes américaines conseils et assistance en matière de contrôle des naissances.

Attaquée au vitriol par les républicains qui lui refusent tout financement fédéral et l'entravent dans les États qu'ils gouvernent, l'organisation est périodiquement la cible d'attentats meurtriers – en novembre 2015, à Colorado Springs, un homme se réclamant de l'Église évangélique tuait trois personnes dans le centre local.

Au cours de la campagne des primaires, plusieurs fois mis en cause pour ses ambiguïtés sur la question, l'homme d'affaires change de pied : « Je suis contre l'avortement même si j'étais initialement *pro-choice*. J'ai évolué…, dit-il en se référant tant bien que mal à Ronald Reagan. Je suis pour le droit à la vie avec des exceptions. »

En avril, lors d'une émission de télévision sur MSNBC, le candidat va plus loin – trop loin, même au regard des canons du parti républicain. Confus, poussé dans ses retranchements par le journaliste Chris Matthews, Donald Trump affirme que l'IVG doit être interdite et que les femmes voulant avorter « devraient subir une forme de punition ». Il n'en précise pas la nature.

Tollé jusque dans les rangs des conservateurs : la ligne du parti est de poursuivre ceux qui la pratiquent – médecins, personnel soignant –, mais pas celles qui la subissent.

Quelques heures plus tard, marche arrière toute. Celui qui se flatte de ne jamais s'excuser de rien doit publier un rectificatif : « Si l'avortement devient illégal, le médecin ou toute autre personne qui participe à cet acte illégal serait tenu pour légalement responsable, pas la femme. La femme est une victime dans ce cas, comme la vie dans son ventre. » Jusque dans la phraséologie, le voilà remis dans le droit chemin.

La situation politique l'exige. Trois Américaines sur dix choisissent d'avorter à un moment ou à un autre de leur vie. Déjà mal en point auprès de l'électorat féminin pour les saillies misogynes qui ne cessent d'émailler sa campagne, le candidat se traîne dans les sondages à vingt points derrière Hillary Clinton. Et 47 % des femmes d'obédience républicaine affirment qu'elles ne voteront pas pour lui.

Ironique, le *Wall Street Journal*, peu suspect d'hostilité au Grand Old Party, enfonce le clou : « Donald Trump l'a peut-être oublié mais, depuis le 18 août 1920, les femmes ont le droit de vote aux États-Unis. »

« Laissez Trump être Trump ! »

Le mot d'ordre martelé par son directeur de campagne, Corey Lewandowski, a balayé pendant des mois les conseils des experts du parti républicain inquiets des outrances verbales de leur candidat. Lewandowski, jusque-là un obscur militant qui avait assisté des candidats malheureux à des élections locales, notamment dans le New Hampshire, avait été embauché par le magnat de l'immobilier dès avril 2014, sur un coup de tête, aux dépens d'un conseiller plus chevronné, Roger Stone.

Collaborateur musclé dans le genre moine-soldat, il ne met pas de gants avec la presse, fût-elle de son bord. En mars 2016, en Floride, il agrippe violemment par le bras une journaliste du site conservateur Breitbart News qui voulait s'approcher du candidat. La jeune femme publie sur Twitter une photo de son avant-bras légèrement contusionné, porte plainte, Lewandowski est convoqué par la police locale, Trump lui renouvelle immédiatement sa confiance. La plaignante, elle, sera licenciée par le site qui va mériter son nom : la *Trump Pravda*.

L'épisode, mineur, illustre le climat qui s'est tendu tout au long de la campagne – plusieurs affrontements violents entre manifestants et partisans émailleront les réunions électorales. À Chicago, un meeting a dû être annulé de crainte de bagarres entre militants du mouvement antiraciste Black Lives Matter, noirs pour la plupart, et les supporteurs, tous blancs, du milliardaire.

Ce dernier, protégé par des cordons de sécurité officiels et privés, les encourage volontiers, confiant son envie « de flanquer lui-même des coups de poing dans la gueule » et proposant de payer leurs frais d'avocat en cas de pépin. N'expriment-ils pas « leur colère bien légitime face à l'état du pays – l'Amérique est en ruines, elle est devenue un pays de perdants, rendons-lui à nouveau sa grandeur ! ».

« Ce n'étaient là que postures de campagne, affirme, suave, Paul Manafort. Vous verrez, M. Trump va changer de style et de méthodes maintenant que la convention de Cleveland approche ! »

Vieux routier du parti républicain, Manafort, œil vif et manières onctueuses, est à 67 ans un spécialiste reconnu de la communication et de la manœuvre politiques. Partenaire d'un gros cabinet de lobbying à Washington, il prend part à la plupart des campagnes présidentielles depuis celle de Gerald Ford en 1976, Ronald Reagan en 1980, George H. W. Bush en 1988, Robert Dole en 1996, George W. Bush et John McCain en 2008.

Le consultant élargit son champ d'activité à l'échelle internationale. Impliqué dans l'affaire de Karachi par le biais d'un marchand d'armes libanais, il aurait rencontré l'équipe d'Édouard Balladur en 1995. On l'a vu à l'œuvre aux Philippines aux côtés de Ferdinand Marcos, de Jonas Savimbi en Angola, de Mobutu à Kinshasa et plus récemment en Ukraine, embauché par Rinat Akhmetov, le plus puissant des oligarques locaux, pour sauver la mise du président Ianoukovitch et lui éviter – en vain – d'être balayé par la révolution de Maïdan.

Donald Trump connaît bien Manafort : il avait utilisé ses services dans les années 1980 pour régler des problèmes fiscaux affectant son groupe immobilier. Va-t-il pour autant se plier aux leçons de maintien recommandées par l'un des représentants les plus caricaturaux de ce monde de Washington qu'il dit tant mépriser ?

Ce serait son intérêt, et le temps presse : la fronde gronde contre lui au sein de l'appareil républicain qui cherche depuis des mois à freiner son ascension. À la clef, le 8 novembre 2016, il n'y a pas que le Bureau ovale. Il y a aussi une myriade de sièges à pourvoir au niveau des États, qui reproduisent à leur échelle l'appareil exécutif, législatif et judiciaire installé au niveau fédéral. Beaucoup de parcours, d'ambitions, de calculs et de moyens financiers sont en jeu.

Le moment est venu de se montrer poli, de rentrer dans le rang, de rassurer l'élite et les soutiers du parti bouleversés par son ascension, insiste Paul Manafort. Las.

Quelques jours après l'entrée en piste de son nouveau conseiller, Trump refait du Trump : « Je n'aime pas vraiment arrondir mon discours… N'est-ce pas plus sympa de ne pas faire partie de ces types accrochés à leur prompteur ? » lance-t-il à ses militants, conforté par le raz-de-marée qui lui a permis de rafler un même jour d'avril cinq États du Nord-Est.

La diatribe repart de plus belle contre les Hispaniques, contre les musulmans, contre tous ceux qui à l'entendre font perdre l'Amérique – et contre les deux rivaux alors encore en piste : Ted Cruz, le sénateur du Texas, qu'il a surnommé « le menteur », et John Kasich, le gouverneur de l'Ohio, « ce loser qui mange si salement devant les caméras ».

6

L'implosion du parti républicain

« Donald Trump n'est qu'un charlatan, un imposteur ! Ses promesses ont autant de valeur qu'un diplôme de la Trump University. Il prend les Américains pour des imbéciles. Lui veut la Maison-Blanche sans rien offrir en retour ! »

Pendant vingt minutes devant les étudiants de l'université de l'Utah, brisant les conventions et son armure de mormon austère, Mitt Romney accable le promoteur new-yorkais. Donald Trump vient de remporter une victoire spectaculaire, raflant la mise du Super Tuesday, ce premier mardi de mars où, de l'Alabama au Massachusetts, cinq États organisent simultanément leurs primaires. Le candidat choisi par le parti républicain en 2012 pour tenter de battre Barack Obama s'en prend à celui qui est en passe d'incarner le Grand Old Party au prochain scrutin – du jamais-vu.

Candidat malheureux à l'élection de 2008, le sénateur John McCain lui emboîte le pas : « M. Trump met en danger la démocratie, il incarne une forme de colère qui a mené au pire d'autres nations, il n'a ni le tempérament ni le jugement qu'exige la fonction présidentielle », renchérit-il, soulignant la dangereuse ignorance de l'homme d'affaires en matière de sécurité et de politique internationale.

Plusieurs comités d'action politique, les PAC, qui regroupent de puissants donateurs, décident de coordonner leurs efforts et de financer un matraquage de publicité négative à la télévision dans les États qui doivent encore se prononcer. Le Club for Growth, Our Principles, Make America Awesome, Never Trump – ces coalitions financées par quelques grandes fortunes républicaines comme la famille Ricketts de Chicago ou le milliardaire Paul Singer passent à l'attaque.

Les élites du parti ont sonné le branle-bas. Donald Trump répond par le mépris. Romney ? Un poids plume, un désastre, un raté qui rêve de revenir dans le jeu. « Quand je pense, ajoute-t-il, qu'il m'a imploré de le soutenir en 2012 ! Il se serait mis à genoux si je le lui avais demandé ! » Quant à John McCain, le milliardaire l'avait déjà insulté l'été précédent, qualifiant ce héros de la guerre du Vietnam de loser pour avoir été cinq ans prisonnier du Viêt-Cong : « Moi, j'aime les gens qui ne se font pas capturer ! »

Mogul n'arrive pas à comprendre l'hostilité des dirigeants d'un parti vers lequel il a attiré tant de téléspectateurs, tant de nouveaux militants, dont d'anciens démocrates découragés dans les États désindustrialisés du Centre-Est, la Rust Belt, la « ceinture de la rouille ». Déjà il met en garde la direction républicaine : si les manœuvres intestines font fi de la volonté populaire, il y aura des émeutes.

À Washington, début mars 2016, lors du grand rassemblement annuel des conservateurs, la Conservative

Political Action Conference, ce ne sont que déchirements et lamentations. Après avoir cultivé ses dirigeants pendant cinq ans pour forger ses réseaux et faciliter ses activités immobilières, Trump vient d'annuler sa participation – il n'a plus besoin d'eux et refuse de se soumettre à leurs questions. N'y a-t-il pas là ceux, et ils sont nombreux, qui quelques mois auparavant tournaient en dérision sa candidature ? Un clown ! avaient prédit les sages du parti, il mettra un peu d'ambiance puis disparaîtra !

Les voilà dans l'embarras. Plusieurs élus confirment leur détermination à ne pas voter Trump, quitte à torpiller leur carrière, à l'instar de Ben Sasse, le jeune sénateur du Nebraska. D'autres soutiennent qu'entre The Donald et Hillary, il n'est pas question d'hésiter. Le gouverneur du New Jersey, Chris Christie, qui avait amicalement effacé une bonne partie de la dette fiscale du milliardaire après la faillite de ses casinos d'Atlantic City se rallie à lui et se fait agonir d'injures. Steve Forbes, l'héritier d'un empire de presse, lui-même deux fois candidat, résume de façon lapidaire le sentiment général : « D'habitude, les partis politiques ne vont pas jusqu'au suicide… »

La *National Review,* fondée par William Buckley révéré par l'élite républicaine, fait état d'« une menace pour le conservatisme américain ». Bill Kristol, le directeur du *Weekly Standard*, très influent dans les milieux conservateurs, annonce publiquement qu'il appuierait une candidature indépendante. Le *Wall Street Journal*, qui appartient comme Fox News à Rupert Murdoch, se montre plus que circonspect.

En ébullition, les dirigeants républicains rivalisent de stratagèmes pour barrer la route à l'homme d'affaires.

Les réunions discrètes se multiplient entre grands élus et experts des think tanks.

Pendant quelques jours un scénario est ébauché. Pourquoi ne pas soutenir Michael Bloomberg, cet autre milliardaire new-yorkais, l'ancien maire de New York, qui observe avec envie l'ascension du promoteur immobilier ? Ses équipes ont commandé des sondages dans vingt-deux États, embauché des experts et mis en place un dispositif à la mesure de ses moyens. Mais Bloomberg le sait : aucun indépendant n'a jamais remporté la mise. Début mars, par un simple communiqué, il renonce à l'aventure « de crainte qu'une course à trois ne favorise l'élection d'un candidat dangereux pour la sécurité et la stabilité du pays : Donald J. Trump ».

Plusieurs primaires restent alors en jeu jusqu'à la Californie, le 7 juin. Dirigeants et sondeurs font et refont fébrilement leurs calculs. Trump est encore loin d'avoir acquis les 1 237 délégués nécessaires à l'investiture. Pourquoi ne pas convaincre les concurrents restant en lice de se soutenir mutuellement là où l'un ou l'autre apparaît le mieux placé ? Pourquoi ne pas susciter une autre candidature, réintroduire Romney dans le jeu, ou même Condoleeza Rice, l'ancienne secrétaire d'État de Bush, ou alors parier sur une convention ouverte et sur la rébellion des délégués qui ne sont pas tenus, au-delà du premier tour, de soutenir ce Trump qui n'incarne aucune des valeurs du parti ?

La base républicaine ne partage pas les affres des sommets. Au contraire, plus les caciques dénoncent l'homme d'affaires, plus ils sont à leur tour pris à partie. Dans plusieurs États, la réaction est la même. « Moi, je veux que Trump y aille, et qu'il leur casse la gueule ! » s'exclame un électeur du Mississippi. « J'ai voté républicain toute ma vie, j'ai soutenu Romney en 2012 – franchement je suis dégoûtée, ce ne sont pas des manières, déclare Lola, 71 ans, retraitée à Mandeville en Louisiane. Ces gens-là vont me dire pour qui voter ou ne pas voter ? *Please…* » Sa voisine renchérit : « Le parti se sert de Romney comme d'une marionnette pour se protéger de Trump qu'il n'arrive pas à contrôler. Lui a sa tête, il sait penser tout seul. » À la radio, les animateurs les plus conservateurs, à commencer par Rush Limbaugh, sont abasourdis par la violence des réactions : « Livides, fous furieux, au bord des larmes… les trumpistes ont l'impression que le système établi veut les manipuler, les coincer, et ils ne feront que s'entêter. » Une de ses auditrices résume l'épisode : « Romney, c'est l'establishment. Nous, on veut entendre la voix du peuple. Et la voix du peuple veut Trump. »

Le 3 mai 2016 dans l'Indiana, un État qui d'ordinaire pèse peu dans la balance électorale, le peuple va décider de la nomination républicaine : Donald Trump l'emporte avec 53 % des suffrages, éliminant ses derniers rivaux. La voie est libre.

L'homme d'affaires a triomphé des seize candidats alignés en 2015, dont la plupart étaient des vétérans des joutes électorales.

The Donald, alias Mogul, a réussi la première prise de contrôle hostile de l'histoire politique américaine.

Deux anciens présidents républicains déclarent aussitôt qu'ils ne voteront pas pour lui le 8 novembre : George H. W. Bush et son fils George W. Le président de la Chambre des représentants, Paul Ryan, élu du

Wisconsin, celui que Romney avait choisi pour être son vice-président en cas de victoire en 2012, refuse de l'adouber. Il demande à réfléchir : il n'est pas certain que les principes et les valeurs de son parti sont convenablement représentés par le milliardaire new-yorkais. Aussitôt la rumeur d'une candidature Ryan prend corps. Il dément. L'entourage de Trump laisse entendre qu'il devrait être démis de ses fonctions.

Le parti républicain est au bord de l'implosion.

Pourtant, en 2015, alors que les deux grandes formations qui se disputent le pouvoir depuis la naissance de la République fourbissaient leurs premières armes, les dés paraissaient jetés.

On allait assister au choc entre deux dynasties, entre deux familles qui résument à elles seules plusieurs chapitres de la vie politique américaine contemporaine : Jeb Bush allait affronter Hillary Clinton. D'un côté l'ancien gouverneur de Floride, rompu depuis l'enfance aux arcanes du parti républicain, frère cadet du quarante-troisième président et fils du quarante et unième. De l'autre, une ancienne secrétaire d'État, ancienne sénatrice de l'État de New York, épouse du quarante-deuxième et déjà candidate en 2008. Un duel classique, soupiraient les impatients ; la démonstration du conservatisme profond des mœurs politiques américaines, soulignaient les connaisseurs. Sur papier glacé, les magazines aiguisaient leurs meilleures plumes pour ressusciter les sagas familiales et rafraîchir les albums photos du siècle dernier.

Le scénario va sombrer au rythme de la campagne de Bush. Celui qui était depuis longtemps présenté comme le plus doué de la lignée, le plus audacieux puisqu'il avait osé épouser une Mexicaine et se convertir au catholicisme, le préféré de sa mère – la formidable Barbara, 90 ans, crinière blanche, collier de perles et teint de pomme reinette qui viendra en déambulateur le soutenir dans le New Hampshire –, Jeb Bush n'a pas tenu au-delà des trois premiers scrutins.

Ce n'est pas faute de moyens : son trésor de guerre dépassait les 160 millions de dollars. Ce n'est pas non plus par indigence intellectuelle : gros travailleur, féru de rapports et de statistiques, l'ancien gouverneur connaît ses dossiers. Trop bien, sans doute. Il lui manque les tripes. Il n'a pas la pugnacité de son père, qui avait réussi à partir des années 1960 à faire oublier aux Texans qu'il était l'héritier d'une lignée de grands bourgeois de la côte Est. Il ne partage pas l'empathie bonhomme de son frère, qui lui a volé la vedette en Caroline du Sud où il était venu l'épauler.

« Faites-nous confiance ! Nous autres, les Bush, nous savons mieux que quiconque ! » Au siècle dernier, la formule avait fait florès. Aujourd'hui l'argument ne convainc plus. Pire, il exaspère. Les temps ont changé, les mœurs politiques aussi.

Dès janvier 2016, dans l'Iowa, Bush peine à rassembler les foules. L'Eagle Club à Cedar Falls, bourgade du centre de l'État, n'a rien en commun avec les cercles élégants où les élites de la côte Est se prennent pour des lords anglais. C'est un petit bar éclairé au néon, où une serveuse trop pulpeuse sert des bières d'un air las à d'anciens combattants alourdis par l'ennui. Le juke-box crachote une version alanguie de « Blueberry Hill ». Dans l'arrière-salle, une trentaine de chaises ont été disposées en rond et l'assemblée, des gens très âgés pour la plupart, attend son candidat.

Quand Jeb apparaît, pull-over sur chemise ouverte – on est samedi, rien de choquant –, c'est à qui réclame accolade et photo.

« Je suis un Bush, entreprend le candidat, ému. Je suis un héritier de l'establishment et j'en suis fier. J'aime mon frère, mon père est le meilleur qui soit et ma mère pense que je suis son meilleur fils… Mon boulot dans cette campagne est d'expliquer mon histoire à moi, l'histoire de Jeb. »

« Au moins lui a de vraies valeurs, soupire une vieille dame. Nous votons Bush depuis toujours ! » « Je suis là par fidélité à la famille, renchérit un ingénieur agronome à la retraite. Son père était un type bien. Lui reste bas dans les sondages parce qu'il n'a rien d'agressif. Quand les gens seront fatigués des gesticulations de Trump, ils reviendront vers lui ! »

Déjà, Jeb Bush n'est plus qu'en sursis. Dès la première joute télévisée de l'été 2015, Donald Trump avait procédé à sa mise à mort : « *Low energy !* Basse intensité ! » avait lancé le milliardaire à celui, trop poli, qui le dominait d'une tête mais semblait s'excuser d'être là. « Jeb est le raté de la famille… Qu'il retourne chez maman ! C'est elle qui devrait concourir ! Pathétique de voir ce type dépenser 100 millions de dollars pour se traîner dans les sondages ! » assène le New-Yorkais sur CNN.

En février 2016, après l'Iowa, remporté par Ted Cruz, le New Hampshire et la Caroline du Sud, raflés par Donald Trump, Bush, tête basse, abandonne.

Le naufrage de l'héritier laisse sans voix les caciques du parti, ceux que son père et son frère avaient installés, favorisés, cajolés depuis des décennies. Ils n'ont pas de stratégie de rechange. Donald Trump bouscule les règles d'un jeu qu'ils croyaient à leur main.

Sur qui miser ? Le gouverneur de l'Ohio, John Kasich, jouit d'une bonne réputation locale, mais il manque de charisme et d'envergure nationale. Va pour Marco Rubio. À 44 ans, le sénateur de Floride, ancien protégé du clan Bush qui le considère désormais comme un traître, est certes un peu vert mais il a des atouts.

D'origine cubaine, catholique, il peut attirer le vote hispanique qui avait tant fait défaut à Mitt Romney. Après quelques atermoiements, il s'est aligné sur la position du parti opposée à toute légalisation des immigrés clandestins voulue par le président Obama – les conservateurs parient sur l'hostilité de ceux qui ont régularisé leur situation à l'encontre de nouveaux arrivants. Le sénateur de Floride affirme vouloir « sécuriser » la frontière mexicaine et ne critique pas le projet de mur envisagé par Trump.

Ne manquant ni de charme ni d'aplomb, affichant abondamment sa ferveur religieuse et son intransigeance patriotique, il tient le choc des premiers débats télévisés. Les gros donateurs du parti hésitent : est-ce le moment, en ce début d'année 2016, de le soutenir sérieusement ? Mais Rubio va rapidement vaciller sous les coups de boutoir de ses adversaires. Trump le traite de gamin transpirant à la moindre difficulté. « Little Marco » tente de riposter dans le même registre, dénonçant la taille des mains de son adversaire qui s'empresse de rassurer son monde sur les mensurations de son appareil génital.

En mars 2016, c'est l'humiliation. Vainqueur dans le Minnesota et à Porto Rico, Marco Rubio doit concéder son propre État, la Floride, à un Donald Trump triomphant.

Reste Ted Cruz.

« Avoir à choisir entre Trump et Cruz ! gémit Lindsey Graham, sénatrice de Caroline du Sud. C'est comme hésiter entre une balle dans la tête ou le poison… »

Jusqu'en mars, aucun des cinquante-trois autres sénateurs républicains n'a accordé son soutien à leur confrère du Texas. Cruz souffre d'un problème majeur : tout le monde ou presque le déteste.

« Lucifer en personne ! » explose John Boehner, l'ancien président républicain de la Chambre des représentants, qui lui reproche d'avoir, contre son avis, bloqué le processus parlementaire en 2013 jusqu'à risquer la paralysie financière du gouvernement fédéral. « Je peux m'entendre avec n'importe qui, mais jamais dans ma vie je n'ai travaillé avec un pire fils de p… »

Adam Gopnik, qui signe dans le *New Yorker* une chronique brillante et désabusée de la vie politique, rapporte la confidence que lui fit l'un des principaux sénateurs républicains : « Au Sénat, je suis l'un des rares qui consent à lui parler… et je le hais[1] ! »

Il faut dire qu'en pleine séance, Cruz avait traité de menteur le président du Sénat, le républicain Mitch McConnell, sans jamais consentir à lui présenter ses excuses.

Personne ne nie à Ted Cruz son brio intellectuel. À 45 ans, fils d'un émigré cubain devenu pasteur

---

1. Entretien avec l'auteure, New York, 17 janvier 2016.

évangélique, lauréat des universités de Princeton et de Harvard où il a gagné tous les concours d'éloquence, remarquable juriste, assistant d'un juge à la Cour suprême avant de regagner le Texas de son enfance et rentrer en politique, il a été élu sénateur en 2012. Son socle électoral : le puissant courant évangélique qui traverse les bastions conservateurs de la *Bible Belt* – littéralement la « ceinture de la Bible » – dans le centre et dans le sud-est du pays. Depuis les années 1980 et le travail en profondeur mené par Karl Rove au profit de la famille Bush, les évangélistes sont les faiseurs de roi au sein du parti républicain.

L'une de leurs terres d'élection est l'Iowa, où se déroulent traditionnellement les premiers caucus de la campagne présidentielle. C'est là où Ted Cruz va savourer sa première victoire.

En ce samedi de janvier 2016, tout autour du Gateway Hotel, un complexe hôtelier de luxe à Ames, au centre de l'État, grosses berlines et Range Rover tournent en rond, cherchant une place de parking. Il en sort des familles entières – beaucoup d'enfants, des jeunes gens au cheveu court, cravatés, quelques femmes en fourrure, sac Hermès à la main.

C'est un public nanti qui se presse pour écouter Ted Cruz – « un homme qui craint Dieu, qui a choisi l'honnêteté ! » s'écrie le responsable local du parti républicain. « C'est d'un renouveau spirituel dont nous avons besoin ! Nos critères ne sont pas ceux de Trump, nos exigences sont plus élevées ! » La foule applaudit chaleureusement. « Obama a poussé l'Amérique vers la gauche, au nom de ce multiculturalisme honni qui détruit nos valeurs. Tous ensemble ici nous sommes des chrétiens conservateurs,

nous sommes pour la Bible, pour la vie, pour la famille !
Je vous présente une femme remarquable qui parvient
à gérer tout à la fois sa carrière, sa foi, sa famille et la
logistique qui va avec ! » Une jolie femme blonde fait
son entrée, le public se lève pour l'acclamer : Heidi Cruz,
flanquée de ses deux petites filles. Ted est en retard.
« Je suis si heureuse avec lui, si heureuse de vous parler
de lui ! »

À 43 ans, diplômée de Harvard, passée par l'administration Bush dans l'équipe de Condoleezza Rice,
aujourd'hui gestionnaire de fortune chez Goldman Sachs
à Houston, elle a fait plusieurs fois campagne pour son
mari et elle a manifestement du métier. Souriante, elle
va avec aplomb chauffer la salle, racontant leur histoire
d'amour, chantant ses louanges, s'identifiant à ces mères
de famille qui se font tant de souci pour leurs enfants
dans une société à la dérive. « Dieu merci, Ted est là
pour l'Amérique et pour vous ! Vingt-sept millions de
Texans sont contents de lui ! Vous le serez aussi ! »

Jean, pull-over et bottes texanes en peau d'autruche,
le candidat apparaît sous les acclamations. Pendant une
heure, il va dénoncer l'immigration, le contrôle des
naissances, l'hypertrophie du gouvernement fédéral, les
contraintes imposées aux libertés du marché, l'accord
avec l'Iran, la politique vis-à-vis d'Israël « abandonné
par cette administration et par ce président qui n'ose
pas parler à haute voix du terrorisme islamiste radical ».
« Amen ! » ponctue l'assistance.

Cruz a l'éloquence du prêcheur, de son père pasteur
qu'il admire tant et qui a fui Cuba, sans un sou, pour
vivre le rêve américain. Rafael Cruz est devenu l'un des

porte-parole les plus virulents de la défense de la famille et du combat contre l'homosexualité.

« Ce pays n'a pas eu de chef digne de ce nom depuis Ronald Reagan ! » affirme Ted, sûr de son effet auprès d'un public qui en majeure partie n'était pas né à l'époque mais qui baigne dans la célébration de ces années de gloire et de prospérité. « Lui était venu à bout du communisme et de l'empire du mal ! L'Amérique était la plus grande puissance du monde ! Souvenez-vous comme le petit monde de Washington le détestait au départ, tout comme je le suis aujourd'hui ! À bas les bureaucrates, les régulateurs, les fonctionnaires de l'administration fiscale ! Ils sont 90 000 employés, juste là pour nous enquiquiner ! J'ai un plan : les envoyer tous, les 90 000, sur la frontière avec le Mexique. Au moins, ils serviront à quelque chose ! » Les gens se lèvent pour applaudir.

« J'admire son courage, sa foi… On l'a vu à l'œuvre, il sait se battre contre Washington ! » Amy et Gary sont là avec trois de leurs cinq enfants. Elle vend du vin, lui est ingénieur. Pourquoi soutenir Cruz ? « On ne veut pas devenir comme l'Europe, répond Gary. Oui, vous savez bien… Tous ces immigrés, tous ces musulmans… On ne veut pas de ça chez nous. » Pourquoi pas Trump ? « Il n'est pas sérieux, il fait son show, c'est tout. »

À voix basse, Kate prend le soin de demander à son mari, retraité de la marine, l'autorisation de s'exprimer : « Trump est un homme d'affaires, il ne s'occupera pas du peuple. Cruz, lui, est honnête, c'est un homme de foi. Et il veut supprimer le ministère de l'Éducation. Il a raison, l'école publique dévoie nos enfants. Nous en avons six et nous les éduquons nous-mêmes, à la maison. »

« Un président qui ne commencerait pas sa journée à genoux ne serait pas prêt pour être commandant en chef, reprend Cruz. Prions à l'unisson une minute par jour, et restaurons ce dernier grand espoir pour l'humanité tout entière : les États-Unis d'Amérique ! »

Financé par de riches dévots de l'Amérique profonde regroupés dans un super PAC intitulé « Respecter la promesse », Ted Cruz commence chaque réunion électorale par une prière. « Mon Dieu, je t'en prie, aide-nous à renaître, ressuscite le corps du Christ. » Il prie aussi pour Israël et son premier ministre Benjamin Netanyahou, fidèle à l'alliance nouée entre la droite évangélique américaine et le Likoud de Menahem Begin, qui avait consolidé les liens de l'État juif avec le courant sioniste chrétien apparu au sein du protestantisme américain dès le XIXe siècle.

Sur le plan de l'immigration, des mœurs, du libre-échange, de la fiscalité, du combat contre le terrorisme, son programme s'inscrit dans la plus stricte orthodoxie républicaine et le campe à la droite la plus dure du parti. En trois ans de mandat sénatorial, son rigorisme, son opportunisme, la brutalité dont il a fait montre dans son combat contre l'Obamacare, la politique de santé publique de l'administration démocrate, outrepassant à son seul profit les consignes du parti, l'ont isolé parmi ses pairs à Washington sans qu'il cherche à les amadouer.

« Cruz est un conservateur authentique, le seul dans cette campagne, estime Edward Luce, qui dirige le

bureau du *Financial Times* à Washington. Il ne représente pas l'establishment du parti. Il n'est pas non plus
susceptible de se transformer, de s'adapter aux demandes
d'un électorat diversifié. Le contraire de Trump, faux
conservateur, faux dévot, mais as du marketing politique[1]. »

Ted Cruz va l'emporter dans onze États. Ses ennemis au sein de l'appareil hésitent : aurait-il trouvé la
martingale pour leur éviter le promoteur new-yorkais ?

Jusqu'au début mai, la stratégie du sénateur pour torpiller son rival paraît la plus habile et la plus sournoise.
Fin connaisseur des rouages du parti, secondé par une
équipe bien plus professionnelle que celle du Yankee, le
Texan entreprend de séduire les délégués comptabilisés
au crédit de Trump mais qui pourraient facilement se
dédire au-delà du premier tour en cas de convention
ouverte.

L'homme d'affaires dénonce aussitôt un « système
faussé par les combines politiciennes » et poursuit son
offensive dans le Sud, dans ces États de la *Bible Belt*
que Cruz tenait pour acquis.

Le sénateur du Texas va se révéler impuissant à élargir son emprise au-delà de la sphère la plus religieuse, la
plus idéologiquement motivée des conservateurs. Mogul
rafle la mise lors du second Super Tuesday, fin avril.

Dans un dernier sursaut, contrairement aux habitudes,
Ted Cruz annonce son choix pour la vice-présidence :
Carly Fiorina, ancienne présidente de Hewlett-Packard,
elle-même candidate au début de la campagne. Le

---

1. Entretien avec l'auteure, Washington, 22 janvier 2016.

milliardaire new-yorkais ricane sur Twitter : « C'est bien la première fois qu'on voit un type qui n'a aucune chance de devenir président nommer une vice-présidente ! Et il prend une complète tocarde ! »

Le matin même du vote, Trump utilise sur Fox News l'une de ses armes préférées, l'insinuation, et s'en prend au père de Ted Cruz : « Il était avec Lee Harvey Oswald juste avant qu'il soit assassiné. Qu'est-ce que ça peut vouloir dire ? Et on n'en parle même pas. Qu'est-ce qu'il faisait avec Lee Harvey Oswald juste avant l'assassinat ? Avant les coups de feu ? C'est horrible. » Toute l'habileté est là : reprenant sans le citer un article du magazine à scandale *National Enquirer*, sans nommer le président Kennedy, le milliardaire sème le doute. « Foutaises », réplique le camp d'en face. Le réseau Twitter s'enflamme. Mogul a réussi son coup.

À Indianapolis, le 3 mai, contraint à l'abandon, Ted Cruz dit tout haut ce qu'il pense du vainqueur : « Donald Trump est un menteur pathologique. Cet homme est intrinsèquement amoral. Son narcissisme est sans limites. Il va mener le pays aux abîmes. »

Donald Trump est bien le candidat républicain à l'élection présidentielle de 2016. Plus rien ne l'arrêtera.

Comment le Grand Old Party, le parti qu'Abraham Lincoln, le vainqueur de la guerre de Sécession, porta pour la première fois au pouvoir en 1860 et qui abolit l'esclavage, en est-il arrivé là ? Comment cette formation, qui à partir des années 1960 a basculé dans le conservatisme, récupérant dans les États du Sud les déçus de la déségrégation raciale, les nostalgiques des droits des États fédérés par rapport au pouvoir central, peut-il accepter d'être incarné par un semi-renégat qui n'a même pas fait carrière sous ses couleurs ?

Les observateurs de tous bords rivalisent de métaphores et ne cachent pas leur effroi.

« Notre parti a complètement plombé le processus de sélection de ses propres candidats, se désole David Frum, intellectuel conservateur et ancienne plume de George W. Bush. En réaction à la crise financière de 2008 et à l'élection de Barack Obama, la direction n'a martelé qu'une seule proposition : il faut plus d'individualisme en économie. On peut penser ce qu'on veut du "conservatisme compassionnel" de Bush, il s'adressait à toutes les catégories sociales, y compris les moins favorisées. Le Tea Party a imposé au leadership du parti un programme radical : moins de gouvernement, moins de retraites, moins de protection sociale et médicale, et plus d'immigration puisqu'elle procure de la main-d'œuvre à bas prix. Le problème, c'est que la base républicaine voulait exactement l'inverse, et surtout pas un candidat qui encore une fois s'appellerait Bush. Le programme conçu par la direction était taillé sur mesure pour Jeb. On a vu le résultat. La hiérarchie a eu tout faux. Sur la question de l'immigration, l'aveuglement a été total. Souvenez-vous, tous les candidats républicains aux primaires avaient une position plutôt modérée, en tout cas vis-à-vis des migrants déjà installés. Tous sauf un : Donald Trump. Il n'est pas un grand homme d'affaires, contrairement à ce qu'il prétend, mais c'est un génie du marketing : il a vu qu'il y avait là une part de marché, énorme, négligée par ses concurrents, et il l'a prise[1]. »

« Oui, l'élite du parti a créé l'ogre qui la dévore, affirme l'éditorialiste E. J. Dionne, auteur d'un ouvrage faisant autorité sur l'évolution de la droite américaine. Que n'ont promis les leaders républicains à leurs électeurs depuis des décennies ! Moins de gouvernement et de bureaucratie, plus de protection des valeurs traditionnelles, l'arrêt de la mutation démographique au détriment des Blancs... L'histoire du conservatisme contemporain aux États-Unis est une histoire de déceptions et de trahisons[2]. » Depuis longtemps, le GOP joue sur le ressentiment de race et de classe sociale pour gagner les élections, privilégiant les intérêts des hauts revenus au détriment de ceux de la classe moyenne. Défense inconditionnelle du libre-échange, de la baisse de la fiscalité pour les plus riches au nom du salut de l'entreprise : au niveau des États comme à celui du Congrès, les grands élus républicains ont dédaigné les préoccupations qui obsèdent la classe moyenne – stagnation ou régression des revenus, coût prohibitif de l'enseignement supérieur, augmentation de la dépendance à la drogue, déclin démographique.

« Il faut aussi blâmer tous ces commentateurs et candidats républicains qui depuis des dizaines d'années dénigrent le gouvernement, ajoute David Rothkopf, le directeur de *Foreign Affairs*, souscrivant à cette absurdité digne d'Orwell que toute forme de gouvernance est mauvaise et que seule vaut la loi du marché. Ils ont

---

1. Entretien avec l'auteure, Avesta (Suède), 10 juin 2016.
2. E. J. Donne, *Why the Right Went Wrong*, Simon & Schuster, 2016.

préféré le dysfonctionnement de notre système politique à la coopération. Le message qu'ils ont ainsi envoyé à leurs électeurs agit comme un boomerang : votre vote n'a aucune importance, le gouvernement ne compte pas, les marchés et le respect des valeurs familiales vont tout arranger. »

« Voilà bien soixante ans que le parti républicain annonce à ses sympathisants la fin de la toute-puissance du gouvernement, précise Fareed Zakaria dans le *Washington Post*. Mais ils n'ont jamais rien fait. Ils ont beau avoir désigné Barry Goldwater, élu Richard Nixon, Ronald Reagan et deux Bush, applaudi à l'émeute conduite par Newt Gingrich au Congrès, tous les programmes d'assistance au niveau fédéral ont été maintenus... Si le parti républicain avait été honnête avec ses électeurs, s'il leur avait dit que les programmes d'assistance allaient durer, que le marché a besoin de réglementation, que l'émergence des minorités et des femmes est inévitable et bénéfique, ce climat insurrectionnel aurait pu être évité. »

« Le déni des élites les condamne, accuse Peggy Noonan, la plus acérée des éditorialistes conservateurs, dans le *Wall Street Journal*. Ils n'ont pas vu la force d'attraction de Trump car ils n'avaient aucune idée de ce que leur propre peuple traversait... Nous sommes en pleine rébellion, celle des non-protégés qui maintenant se font entendre politiquement, qui voient les dysfonctionnements de Washington et qui disent : dans un monde de bandits, Trump sera notre bandit. »

Majoritaire à la Chambre des représentants depuis 2010, au Sénat depuis 2014, gouvernant trente et un des cinquante États de l'Union, le parti s'est figé dans la résistance tous azimuts à la politique de l'administration Obama sans se préoccuper plus avant des revendications de ses électeurs. Refusant tout compromis, le Congrès a paralysé le jeu institutionnel. Émanant du terrain, le mouvement du Tea Party a pris le dessus sur l'élite de Washington, dénonçant à l'envi ses compromissions, sa corruption, son incapacité à restaurer les principes fondateurs de l'ordre social et moral. Amplifié par des médias et des animateurs puissants, de Fox News à Rush Limbaugh, Sean Hannity ou Glenn Beck, dont les programmes radiophoniques attirent en moyenne plus de treize millions d'auditeurs par semaine, le message des ultraconservateurs chrétiens irrigue aussi les réseaux sociaux.

Parmi eux, Donald Trump ne fait pas l'unanimité.

La doctrine des Églises évangéliques repose en particulier sur le principe de la détérioration : le monde ne peut qu'empirer jusqu'au retour du Christ. La moralité, la culture, l'ordre social se dégradent à tel point que seul Jésus peut sauver l'homme de l'autodestruction. Bien sûr, il vaut mieux que des hommes pieux, moralement incontestables, soient aux affaires. Le promoteur immobilier, new-yorkais, roi des casinos, qui en est à son troisième mariage, est-il qualifié ?

Ronald Reagan avait certes divorcé pour épouser Nancy, dont la disparition en mars 2016 donne lieu à un véritable panégyrique, mais il savait ponctuer ses discours de citations de la Bible. George W. Bush avait un passé turbulent, mais il avait été sauvé par la foi.

Peut-on soutenir Donald Trump ? Celui qui répond : « La Bible compte beaucoup pour moi, mais je ne veux pas entrer dans les détails » quand on lui demande quel est son passage préféré des textes sacrés ? Celui qui ne cite qu'un seul précepte de l'Ancien Testament : « Œil pour œil », et qui, en réunion électorale, écorche la référence à la Deuxième Épître aux Corinthiens ? Celui qui confond le plateau de la communion avec celui des offrandes et y glisse un billet de 50 dollars ?

Du haut de leur chaire et de leur compte Twitter, les sommités du mouvement évangélique s'entredéchirent. Pour Russell Moore, président du comité d'éthique de la Southern Baptist Convention, « le phénomène Trump incarne la décadence morale et culturelle que nous autres conservateurs dénonçons depuis des années – l'égout de la téléréalité se déverse sur notre culture. » « Aucun chrétien n'a le droit de condamner d'autres chrétiens pour leur choix », riposte Robert Jeffress qui anime la Megachurch de Dallas. Carl Gallups, pasteur baptiste et partisan de Trump, affirme qu'à ce stade « il nous faut choisir celui qui va nous permettre de vivre en bons chrétiens. Ce n'est pas Jésus qui sera dans l'urne en novembre ! ». Moins de la moitié de l'électorat républicain considère Donald Trump comme un protestant pratiquant, selon le Pew Research Center. S'il a réussi dans les primaires à séduire une bonne partie des évangélistes, il va devoir convaincre la majorité du courant chrétien conservateur à le soutenir dans sa conquête de la Maison-Blanche. Il doit donner des gages.

« Moi, j'ai d'excellents rapports avec Dieu ! » affirme The Donald sur CNN. Protestant presbytérien, fidèle aux préceptes du mentor de sa jeunesse, Norman Vincent Peale, il réserve souvent, dans ses réunions électorales, une place aux « pasteurs de la prospérité » qui encouragent leurs fidèles à viser richesse et succès matériels. Présents sur les réseaux sociaux, disposant de leurs propres relais de télévision et de radio, ces derniers bénéficient d'une certaine influence parmi la myriade des courants traversant la constellation religieuse américaine.

Plusieurs mouvements ouvertement politiques, comme la Faith and Freedom Coalition de Ralph Reed et ses 2 500 militants, circonspects pendant la bataille des primaires, ont décidé de rallier le candidat républicain. « Je connais ses enfants, affirme Reed pour justifier sa reconversion. Vous ne pouvez pas avoir une famille aussi phénoménale sans posséder vous-même de fortes valeurs morales. »

Donald Trump irait-il jusqu'à traverser un moment d'élan mystique ? James Dobson, l'une des personnalités majeures du courant évangélique qui à l'origine soutenait Ted Cruz, fait désormais partie de ses conseillers. Il affirme en juin 2016, à l'issue d'un grand rassemblement du mouvement à New York, que le candidat républicain a récemment « accepté une relation avec le Christ ». Il serait *born again*, un « bébé chrétien » reconverti en quelque sorte à sa foi d'origine.

La porte-parole de Donald Trump refuse de confirmer. Mais le candidat, fidèle à sa méthode, a profité de l'occasion pour mettre en cause la foi de sa rivale démocrate : « Hillary, une méthodiste ? On ne sait rien d'elle en termes de religion... »

Aujourd'hui, 92,4 % d'Américains se déclarent croyants[1] – la moitié sont des protestants de diverses

---

1. Christian Montès, Pascale Nédélec, *Atlas des États-Unis*, Éditions Autrement, 2016.

obédiences. Mais la pratique religieuse diminue et l'emprise des évangélistes s'affaiblit. Les valeurs chrétiennes s'estompent dans la culture des Millennials, cette génération née avec le siècle et son cortège de réformes : la banalisation du divorce, de la contraception, de l'homosexualité et du mariage gay.

« Nous devons accepter que nous vivons en fait au sein d'une nation culturellement post-chrétienne, écrit Rod Dreher dans *Time*. Les normes fondamentales qui guidaient les chrétiens n'existent plus. »

« Longtemps, résume en substance Sarah Posner, les évangélistes blancs et conservateurs ont assuré au parti républicain un apport de voix garanti et substantiel. En 2004, ils représentaient 36 % des voix qui ont porté George W. Bush à la présidence. Cette fois M. Trump fait passer l'évangile de la prospérité, du nativisme et de l'antimondialisation avant les priorités religieuses et culturelles qui dominaient l'agenda républicain. »

Au combat pour la restauration des valeurs, qui dominait le discours conservateur depuis les années 1980, a succédé la bataille contre la mondialisation.

C'est une rupture de plus que le milliardaire new-yorkais impose au parti républicain. « La stratégie est usée qui a longtemps consisté à associer les vertus du libéralisme économique et de la ferveur religieuse, à convaincre la classe moyenne que la baisse des impôts va de pair avec la morale chrétienne, explique Michael Hout, professeur à la New York University. Ce qui convainc désormais, c'est le populisme façon Trump, mélange de nationalisme économique et d'affirmation identitaire. »

Au fil des primaires, Donald Trump a réussi à élargir son socle électoral. Son message a capté la colère des cols bleus, mais a convaincu des électeurs au revenu plus élevé, mieux éduqués – ce sera en particulier le cas dans l'État de New York en avril. En revanche, les grandes fortunes, les milieux financiers, les patrons des fonds spéculatifs et les nouveaux riches de la Silicon Valley, à l'exception de Peter Thiel, le cofondateur de PayPal, se méfient de cet iconoclaste qui promet tout et son contraire en matière de fiscalité, qui dénonce le libre-échange et veut priver l'industrie d'une main-d'œuvre immigrée bon marché.

Bien souvent par le passé, la campagne présidentielle a vu surgir aux franges du parti républicain des candidats populistes, tous issus du noyau dur des fondamentalistes chrétiens – Pat Buchanan en 1996, Mike Huckabee en 2008, Rick Santorum en 2012. À les entendre, leur mission est d'ordre divin : lutter contre la décadence, restaurer l'ordre moral fracassé depuis les années 1960. Leur programme se résume aux trois G : « God, Guns, Gays » : pour Dieu, pour le port d'armes, contre les homosexuels. Ces candidats protestataires avaient beau réveiller les passions, animer les extrêmes, ils ne duraient guère que le temps d'une ou deux primaires, rappelés à l'ordre par les autorités du parti.

Ce n'est pas la première fois non plus que le parti républicain connaît une sorte de guerre civile. En 1964, Barry Goldwater radicalise son message et remporte la nomination contre Nelson Rockefeller, champion de la tradition centriste. Perdant l'élection présidentielle face au démocrate Lyndon Johnson, le sénateur de l'Arizona démontre qu'il est impossible de gagner sans le centre, mais il jette les bases du conservatisme auquel Ronald Reagan va prêter son visage et son optimisme en 1980. Incarnant pendant deux mandats une présidence bonhomme, bénéficiant d'un cycle économique prospère et de l'écroulement de l'Union soviétique, ce dernier va remodeler à son image un parti composite.

Donald Trump peut-il être un nouveau Reagan ? « Lui aussi, en son temps, a été brocardé par les médias, rappelle Jim Clifton, qui préside depuis près de trente ans l'institut Gallup et qui revendique son enracinement dans la droite reaganienne. Mais Reagan avait plus de scrupules que Trump, il était plus réfléchi... On croit toujours qu'il est sorti d'un film de cow-boys à Hollywood pour entrer directement à la Maison-Blanche. En fait, il avait derrière lui des années de métier, président du syndicat des acteurs, gouverneur de Californie pendant deux mandats... » Le président de Gallup ne veut pas s'appesantir sur l'absence d'expérience politique du magnat de l'immobilier. S'appuyant sur l'immense base de données statistiques dont dispose son institut, Jim Clifton apporte un éclairage différent : « 75 % des Américains se disent aujourd'hui convaincus que leur gouvernement est frappé par la corruption. Pas l'incompétence, la corruption – c'est-à-dire la trahison de sa mission première. C'est probablement ce qui explique le climat d'anxiété et de désordre que l'on constate aujourd'hui, et l'irruption d'un candidat comme Trump qui échappe à toute classification traditionnelle. Les gens ne croient plus à la vertu de leur gouvernement. Un quart des électeurs affirment que leur candidat doit soutenir leur droit de porter des armes – un symbole de liberté par rapport à la tyrannie du pouvoir central qui se complaît à multiplier les réglementations[1]. » À la fin du second mandat de Barack Obama, l'Amérique n'est plus la même.

« Ce qu'on observe aussi côté républicain, c'est une réaction virulente à ce bouleversement culturel que représente l'élection d'un président afro-américain cosmopolite, mondialisé par ses origines et son éducation, souligne E. J. Dionne. La colère vient d'abord d'avoir été écarté du pouvoir depuis sept ans. La base du parti est en moyenne âgée, blanche dans sa majorité, très mal à l'aise avec le changement. Ces gens rêvent d'une Amérique qui n'existe plus. Trump a parfaitement capté l'inquiétude liée à l'accélération des phénomènes d'immigration, le choc du mariage homosexuel en rupture avec une culture traditionnelle largement dominée par les religions chrétiennes. La colère est plus grande encore, et elle est légitime, parmi les petits revenus, en stagnation ou même en régression. Quand Trump s'en prend à la mondialisation, à la manière d'une Marine Le Pen, il touche un nerf sensible[2]. »

« Dans son électorat, remarque David Frum, vous trouvez toute une population à la dérive, des gens qui se sont détachés de leur communauté d'origine, géographique, sociale, religieuse pour trouver un emploi. Le maillage de la société est distendu. Il y a moins de sentiment d'appartenance, et le phénomène affaiblit un parti républicain qui depuis l'origine privilégie l'ordre hiérarchique[3]. »

« Il y a un autre facteur à ne pas sous-estimer, ajoute Jim Clifton dans son bureau de l'institut Gallup. La

---

1. Entretien avec l'auteure, Washington, 25 janvier 2016.
2. Entretien avec l'auteure, Des Moines, 1er février 2016.
3. Entretien avec l'auteure, Avesta (Suède), 16 juin 2016.

reprise économique est un trompe-l'œil. Elle ne favorise pas les petites et moyennes entreprises. Ce sont elles qui créent des emplois, pas les licornes de la Silicon Valley dont on célèbre les prouesses. Seules trente et une d'entre elles sont cotées en Bourse. Quatre millions d'entreprises déclarées n'emploient qu'un salarié et demi. Les plus grosses dégraissent, les petites n'embauchent pas. Pendant cent cinquante ans, l'économie américaine a affiché en moyenne une croissance de 3,7 %. Aujourd'hui, avec 2 %, on ne crée plus de richesses. La classe moyenne s'affole. La boussole politique se dérègle. »

« On peut faire dire n'importe quoi aux chiffres », grommelle Paul Krugman, prix Nobel d'économie et partisan des Clinton, qui d'un éditorial à l'autre fustige les approximations de la campagne républicaine et les contradictions du programme fiscal du candidat Trump. « Il veut réduire drastiquement les impôts, change d'avis sur le sujet dès qu'il s'agit des plus riches, et en même temps il dit maintenir les régimes publics de retraite et de santé... Ça n'a pas de sens ! Ce n'est pas parce qu'il est dans les affaires qu'il comprend quoi que ce soit à l'économie ! »

« J'aime l'endettement et je sais jouer avec les dettes ! » proclame le promoteur immobilier qui en a fait un levier dans la conduite de ses propres affaires. De là à utiliser les mêmes méthodes pour gérer la première économie du monde... Les républicains d'obédience libérale sont inquiets et les marchés sursautent au fil des déclarations d'un candidat aussi peu soucieux d'orthodoxie. « Pour réduire la dette, j'emprunterai, sachant que si l'économie s'effondre, je pourrai toujours négocier un compromis. » Envisagerait-il que les États-Unis fassent défaut pour renégocier une dette publique de 19 000 milliards de dollars ? « Je pourrai aussi faire tourner la planche à billets… » Le promoteur immobilier doit aussitôt livrer un démenti confus au *Wall Street Journal*.

Sollicités pour financer comme à l'accoutumée la campagne républicaine, les milieux d'affaires s'interrogent. Quelle que soit leur méfiance à l'égard du magnat de l'immobilier, son mépris de l'orthodoxie républicaine et son imprévisibilité, il est connu pour son opportunisme. Son niveau d'impréparation est tel qu'il va devoir s'entourer de professionnels. Se laissera-t-il influencer maintenant qu'il a besoin d'eux ? Jusque-là, grâce à l'énorme exposition médiatique dont il a gratuitement bénéficié, Donald Trump n'a utilisé que ses fonds propres et quelques contributions privées – il a dépensé 40 millions de dollars de sa poche, 50 millions de moins que son rival Ted Cruz.

À partir du mois de mai, la course change d'échelle. L'homme d'affaires lance un chiffre : il lui faut 1 milliard de dollars.

Comment va-t-il procéder ? Va-t-il accepter ces super-PACs – ces regroupements de fonds sans plafond dont il disait pis que pendre à propos de ses concurrents « achetés par leurs riches donateurs » ? Première concession : il engage un ancien de Goldman Sachs, Steven Mnuchin, pour rallier à sa cause quelques soutiens traditionnels du parti.

Sheldon Adelson, 82 ans, magnat des casinos, signe un premier chèque de 100 millions de dollars. En retour, il exige la promesse d'un engagement sans faille pour protéger la sécurité d'Israël. « C'est un candidat avec une expérience de chef d'entreprise, habitué à risquer son propre argent plutôt que celui du public, explique l'ami de Las Vegas. Il a créé dans le pays une dynamique qu'on ne peut ignorer. » Que vont faire les frères Koch, à la tête de l'un des plus gros conglomérats non cotés du pays, dont l'influence et la prodigalité pour certaines causes conservatrices et libertaires sont sans égales ? Ils étaient prêts à offrir 900 millions de dollars au candidat idéologiquement le plus convenable. Mais Donald Trump ne leur plaît pas. Pas assez net sur les questions de mœurs, l'avortement, l'homosexualité. Pas assez engagé à réduire l'obésité du gouvernement fédéral, et franchement dangereux quand il propose d'augmenter les impôts des grandes fortunes. Pas assez correct dans son langage et son comportement. Pas assez républicain, en somme. Le réseau Koch financera certains candidats régionaux de façon à préserver la majorité républicaine au Sénat, pas l'aspirant à la fonction présidentielle. Même réserve du côté d'American Crossroads, le réseau dirigé par Karl Rove, l'ancien stratège de la famille Bush, qui a réussi à obtenir des services fiscaux le statut d'organisation charitable exonéré d'impôts. Les fonds iront alimenter les campagnes locales et conforter nombre de personnalités du parti tiraillées entre leurs convictions personnelles et leurs intérêts à court terme maintenant que Donald Trump est censé les conduire à la victoire.

Mogul va devoir nouer ou renouer avec les caciques conservateurs, ceux-là mêmes qu'il a traités de crétins, d'attardés et de parasites depuis près d'un an. Il ne peut avancer sans eux, sans l'organisation et les réseaux locaux indispensables pour quadriller le terrain, ramasser des fonds et courir un marathon à l'échelle d'un pays-continent. Il a beau mépriser les professionnels qui tous les quatre ans vendent leurs services aux candidats, les experts en financement, en sondages, en ciblage et en communication, il va en avoir besoin. Son flair, sa poignée de fidèles, ses vieux avions, fussent-ils siglés à ses couleurs, ne suffisent plus. Pris au dépourvu par sa propre victoire et l'accélération du calendrier, il ne peut se passer de l'infrastructure et des moyens du parti. Il va falloir négocier. N'est-ce pas l'exercice où The Donald se proclame le meilleur du monde ?

Il les a prévenus. Dès avril 2016, en Floride, lors du séminaire du Republican National Committee, la plus haute instance du parti, il a téléphoné à quelques hauts gradés : « Il nous a expliqué qu'il a appris de sa pratique des négociations qu'il faut partir d'une position extrême, confie l'un d'eux. Si vous partez du milieu, vous êtes perdant. »

La direction du parti va devoir s'en accommoder. La négociation s'annonce d'autant plus ardue qu'il ne faut pas compromettre les intérêts des quelque six mille candidats du GOP qui, du niveau fédéral au niveau local, se présentent à l'investiture – parfois dans des circonscriptions où Trump n'a pas recueilli la majorité.

« Tout est négociable, prévient Donald Trump. Mais je n'ai pas l'intention de changer de discours, et je n'y ai pas intérêt : les électeurs m'approuvent parce que je dis les choses, et je les dis à ma façon. Ils m'ont confié un mandat. L'élite n'a rien fait pour moi, donc son soutien ne changera pas grand-chose pour me faire gagner en novembre. »

Le moment est venu de mettre en scène l'amorce d'une réconciliation. Ce 12 mai 2016, Donald Trump se rend au siège du parti républicain à Capitol Hill, à Washington, au cœur du système qu'il a tant dénoncé. L'effervescence médiatique est telle qu'on se croirait dans un reality show. Le candidat doit rencontrer Mitch McConnell, le chef de la majorité républicaine au Sénat, et Paul Ryan, le président de la Chambre des représentants et le grand ordonnateur de la convention de juillet.

« M. Trump a gagné plus de voix dans les primaires qu'aucun candidat ne l'a jamais fait dans l'histoire de notre parti, reconnaît Paul Ryan à l'issue de leur rencontre. Nous avons discuté de la séparation des pouvoirs, du choix des juges à la Cour suprême et de l'avortement... Je l'ai trouvé très chaleureux, très authentique... » Mogul, lui, évite la presse à la sortie mais s'empresse d'aller saluer à son domicile l'ancien secrétaire d'État James Baker, figure tutélaire du parti et du clan Bush.

Le 26 mai 2016, dans le Dakota du Nord, un Donald Trump rayonnant et comme sidéré par sa propre prouesse annonce qu'il a réuni les 1 237 délégués nécessaires à la nomination républicaine. La convention de Cleveland qui doit l'officialiser aura lieu sept semaines plus tard.

La négociation continue.

7

Les batailles de Californie

La Californie est l'État le plus peuplé et le plus riche des États-Unis. Son économie serait la sixième du monde, avant celle de la France, si le « Golden State » était un pays indépendant. C'est là que s'est installée la communauté hispanique la plus nombreuse : près de 39 % sur une population de quarante millions d'habitants – autant, d'après le dernier recensement, que de Blancs, comme on dit ici, c'est-à-dire de citoyens d'origine européenne.

En juin, traditionnellement, alors que la ronde des primaires touche à son terme, les électeurs de Californie se prononcent à leur tour : 475 délégués doivent être attribués à la proportionnelle côté démocrate, 172 côté républicain.

La Californie est majoritairement démocrate depuis deux générations. Alors que l'État de Ronald Reagan, qui en fut gouverneur pendant deux mandats consécutifs avant de gagner la Maison-Blanche, votait républicain à chaque élection présidentielle jusqu'en 1988, Bill Clinton a réussi à l'ancrer fermement côté démocrate depuis 1992. Le parti contrôle aujourd'hui les deux chambres parlementaires locales et les deux sièges qui lui sont alloués au Sénat, comme à chaque État de l'Union. Très populaire, le gouverneur démocrate, Jerry Brown, ne quittera Sacramento, la capitale, qu'en 2019.

Si le calendrier des primaires se termine véritablement à Washington DC une semaine plus tard, c'est bien le scrutin californien qui, par son poids numérique et sa portée symbolique, désigne le vainqueur de la course à l'intronisation dans le camp démocrate.

Le parti républicain ne compte en Californie que 27 % des électeurs inscrits. La primaire représente un enjeu d'autant moindre que Donald Trump, fort de ses exploits antérieurs, n'a plus de rivaux.

Bizarrement, ces derniers lui manquent – The Donald continue d'envoyer des piques à l'encontre de Marco Rubio et de Ted Cruz comme s'ils n'avaient pas complètement disparu de la course. Au lieu de se « présidentialiser » comme l'y encourage la direction du parti républicain, son comportement et ses discours restent au diapason de ces derniers mois : les immigrés clandestins, le mur, l'ennemi étranger, le déclin de l'Amérique...

L'équipe du New-Yorkais, toujours aussi réduite, a évité de justesse que figure sur sa liste californienne un suprématiste blanc, William Johnson, le chef de l'American Freedom Party – une formation ouvertement raciste et antisémite prônant le retrait de la nationalité aux non-Blancs, l'expulsion de tous les immigrés et de tous les Noirs. Johnson a accepté de démissionner, « ne voulant rien faire qui menacerait les chances de M. Trump ».

Le nombre de meetings a été réduit – juste de quoi satisfaire quelques poignées de militants locaux et demeurer dans le cycle médiatique. Mais ce sont les échauffourées entre les partisans du candidat républicain et ses adversaires, surtout des jeunes Hispaniques, comme à Anaheim ou à San José, qui occupent désormais les journaux télévisés.

Depuis l'Iowa, en janvier, le niveau de violence a grimpé, et pas seulement dans le verbe. « *Dump Trump !* Sortons Trump ! *No hate in our state !* Pas de haine chez nous ! » crient les manifestants, pris à partie par quelques gros bras en T-shirt floqué Make America Great Again. Les opposants se sont organisés par centaines sur les réseaux sociaux et embarrassent le parti démocrate, contraint de condamner toute entrave à l'expression démocratique. Des voyous ! dénonce le candidat républicain sur Twitter, ils brûlent le drapeau américain ! Il s'agissait en fait de casquettes à son effigie.

Mogul n'est pas le seul à avoir compris l'impact des réseaux sociaux. 88 000 personnes participent sur Facebook à une discussion « Stop Trump » au moment même où il prononce un discours à Redding, dans un hangar de l'aéroport, par une chaleur écrasante. Il raconte une de ses anecdotes favorites, celle d'un Noir décrit par la presse comme un opposant alors qu'il était venu l'applaudir : « Regardez mon Afro-Américain, là-bas ! Regardez-le ! » L'usage du possessif n'a pas fait bon effet dans des milieux où la question raciale reste à vif.

Trop de soleil en Californie ? Début juin, The Donald va commettre une faute majeure, compromettant durablement son image et ses relations avec l'état-major républicain.

Alors que des plaintes pour abus de confiance ont été portées depuis des mois contre la Trump University, le candidat attaque frontalement le magistrat chargé de l'instruction, Gonzalo Curiel, de la Cour fédérale de San Diego.

« Il est fier de son héritage, déclare Donald Trump au *Wall Street Journal* puis à CNN. C'est un Mexicain. Nous sommes en train de construire un mur entre ici et le Mexique. Conséquence, il rend des jugements très injustes, des jugements incroyables… » Le journaliste de CNN proteste : « Affirmer qu'il ne peut pas faire son travail à cause de ses origines, n'est-ce pas la définition même du racisme ? » Non, rugit le candidat : « Je fais un mur. Il est Mexicain ! Je fais un mur entre ici et le Mexique ! »

C'est le tollé. Le juge est né dans l'Indiana, citoyen américain d'ascendance mexicaine, nommé à San Diego par le gouverneur républicain de l'époque, Arnold Schwarzenegger, promu juge fédéral par le président Obama et confirmé par le Sénat – l'incarnation même du rêve américain, de l'intégration et de la réussite par le seul mérite.

D'interview en interview, au lieu de présenter des excuses, le magnat de l'immobilier s'enferre. Les grands médias commencent à se lasser de ses pétulances et le poursuivent désormais de questions incisives. Puisqu'il veut interdire l'accès du territoire à tous les musulmans, aurait-il la même réaction face à un juge pratiquant cette religion ? demande un journaliste de CBS :

« C'est possible, oui, absolument, répond Trump.

— Mais ce n'est pas dans la tradition américaine ! proteste le journaliste.

— Je ne vous parle pas de tradition, je vous parle de bon sens. OK ? »

Puis le candidat républicain repart à la charge contre le juge Curiel : « Il faudrait vraiment y regarder de près, ce que fait ce juge est franchement une honte. OK ? Mais nous reviendrons en novembre. Ce serait marrant que je sois président et que je le poursuive au civil ! »

Si Mogul renoue avec sa vieille habitude de mettre en cause les juges qui se mêlent de ses affaires, cette fois il est candidat à la présidence des États-Unis. Menaces sur la Constitution, sur la séparation des pouvoirs, sur la règle de droit… Experts et commentateurs de tous bords rivalisent d'indignation. La déferlante est telle que les deux plus hautes personnalités du parti républicain sont obligées de dénoncer leur propre champion. « Ses propos correspondent exactement à la définition que donnent les manuels d'un commentaire raciste », assène Paul Ryan, le président de la Chambre des représentants. Son homologue du Sénat, Mitch McConnell, ajoute en conférence de presse : « Il est temps pour lui d'apparaître comme un candidat présidentiel sérieux. Ce qui veut dire : penser avant de parler et s'excuser quand on fait des erreurs. » Deux sénateurs lui enlèvent leur soutien.

Déjà, à l'élection présidentielle de 2012, la défaite du républicain Mitt Romney face à Barack Obama avait été attribuée en partie à son incapacité à séduire l'électorat hispanique.

Avec Donald Trump, la fracture paraît définitive.

East Los Angeles, une rue tranquille flanquée de pavillons coquets avec leurs jardinets. Ici réside une communauté largement hispanique, laborieuse – revenu moyen : 40 000 dollars par an. Devant l'école primaire, les bénévoles disposent des chaises pliantes de façon à

169

ce que les femmes et les enfants profitent au mieux de l'événement. Un pick-up est garé devant eux ; l'arrière servira d'estrade. Un conseiller municipal teste la sono en espagnol, une autre réajuste la banderole de bienvenue écrite en anglais aux couleurs du parti démocrate. À 11 heures du matin en ce dimanche de juin, il fait déjà chaud. Les vieilles dames s'éventent comme elles peuvent.

On attend Bill Clinton.

Ruben, 26 ans, travaille dans le bâtiment. Né ici de parents mexicains, il est venu avec sa femme et ses trois enfants. Il va voter Clinton. Il veut voir Bill. Pourquoi ? « C'était un bon président. » Ruben n'était pas né à l'époque, il n'empêche. « C'était un bon président, répète-t-il. L'économie marchait bien, il va créer des emplois. »

Cristina est institutrice. Exubérante, elle veut intervenir. « Moi, je suis là à cause de Trump. Ce qu'il a dit à propos de ce juge est une honte. Vous vous rendez compte, un juge fédéral ! Moi aussi, je suis d'origine mexicaine, et alors ? Je suis citoyenne, j'ai fait des études, je paie mes impôts. Ma fille a trouvé un emploi à Washington. Elle, elle soutient Bernie Sanders, elle aime ses idées. Il veut rendre l'université gratuite ! Et qui va payer ? C'est pas Cuba ici, heureusement ! Moi, je vote Hillary, c'est plus sûr ! » Antonietta renchérit : « Une femme présidente, ce serait formidable… Je suis certaine qu'elle donnerait plus d'opportunités aux femmes, plus de congés maternité… Elle nous comprendrait mieux, elle serait comme une mère, comme une sœur ! Ce ne serait pas seulement du bavardage, comme tous ces hommes politiques, avec elle on aurait du concret ! »

La petite foule – une centaine de personnes – frémit chaque fois que de grosses voitures vrombissent au bout de la rue. « Il va venir en Cadillac, tu verras ! » annonce Ruben à son fils aîné.

Le conseiller municipal monte sur le pick-up pour haranguer son monde et rappeler combien il est important d'aller voter. On s'impatiente. Un cortège de 4 × 4 noirs, flanqués d'un véhicule de pompiers, s'engage enfin dans la rue. « *We want Bill !* On veut Bill ! » scande timidement l'assistance. Puis des cris de surprise, des applaudissements, les pères poussent du coude leurs gamins : deux immenses stars du basket-ball américain, Kareem Abdul-Jabbar et Magic Johnson sont là, ils leur parlent, ils expliquent qu'une seule candidate peut faire avancer le pays, et elle s'appelle Hillary Clinton.

L'assistance tangue de fierté.

Bill Clinton leur succède, montant lentement sur le pick-up, l'air bonhomme, sourire aux lèvres. Tous le regardent, émus.

« Elle est vraiment bizarre, cette campagne électorale, vous ne trouvez pas ? » La voix est comme voilée, la silhouette amaigrie dans un costume bleu, mais l'ancien président, sans cravate, a toujours belle allure. À 69 ans, après un quadruple pontage cardiaque et une opération des poumons, visiblement affaibli, il a jeté dans cette ultime campagne, pour faire élire Hillary, tout son savoir-faire, son appétit intact pour la politique et une popularité qui a survécu à tous les scandales et aux rumeurs persistantes sur ses liaisons féminines.

Le voilà lancé dans un discours plutôt décousu, égrenant les thèmes attendus – moins d'inégalités, plus d'emplois, des salaires égaux pour les femmes, des prêts étudiants à moindre taux... Comme un disque un peu rayé, sans nommer Donald Trump, l'adversaire républicain, ni Bernie Sanders, le rival démocrate, il poursuit : « Notre avenir, c'est de construire des ponts, pas des murs, de faire de notre diversité notre force, de rester unis face à ceux qui veulent nous diviser. »

À chaque ponctuation, les applaudissements crépitent. Une voix lance : « Tu nous manques, Bill, reviens ! » Clinton reprend : « Vous avez deux excellentes raisons de me croire : j'ai eu le job autrefois, et je sais qu'elle est la seule à pouvoir faire avancer les choses avec les républicains au Congrès. Elle seule a les qualités pour être commandant en chef. Hillary est la première à défendre la diversité, à ne pas diaboliser les Mexicains américains, ou les musulmans américains ! »

Souriant, un peu désabusé, il ajoute en guise de conclusion : « C'est quand même fou, aujourd'hui on ne se sent bien qu'avec des gens qui sont d'accord avec nous... » Ruben sourit aussi, un peu perplexe. L'ancien président descend lentement du pick-up, serre les mains qui se pressent, se prêtant de bonne grâce aux selfies, le regard bleu délavé, comme noyé dans des souvenirs plus glorieux.

Le cortège s'en va, la sono diffuse à fond « Don't Worry About a Thing » – « Ne t'inquiète de rien », le tube de Bob Marley. La foule se disperse, satisfaite.

Bill Clinton poursuit sa tournée. Prochain arrêt : une église pentecôtiste dans le quartier voisin.

Cette fois, son rôle dans la campagne de sa femme a été bien défini : la candidate, c'est elle. Sa petite équipe est étroitement assujettie au dispositif central. À lui les petites villes de province, les centres agricoles,

les réunions dans les écoles et les églises de faubourg
– là où vivent ces minorités qui constituent le socle
électoral d'Hillary, les Hispaniques et les Noirs, qui lui
ont permis de remporter les primaires dans la plupart
des États du Sud aux dépens de Bernie Sanders.

« Je ne serais pas surpris qu'il se serve de son portrait
pour jouer aux fléchettes ! »

En confidence, un haut gradé du parti démocrate
explique à quel point Bill Clinton est exaspéré par Bernie
Sanders. À plusieurs reprises au cours du printemps, le
sénateur du Vermont a tenté de faire des primaires un
référendum sur le « clintonisme », mettant en cause la
politique de libre-échange menée dans les années 1990,
les réformes fiscales et les lois anticriminalité qui ont
dramatiquement gonflé la population carcérale, en majorité noire, alimentant sporadiquement la colère au sein
de la communauté afro-américaine.

Sanders a multiplié les efforts pour convaincre les
jeunes Noirs, en particulier, qu'il serait leur meilleur
champion – laissant entendre qu'il avait marché avec
Martin Luther King, qu'il avait toujours lutté contre les
discriminations. Plusieurs personnalités noires comme
Spike Lee et Cornel West ont vanté ses mérites et attaqué frontalement sa rivale.

En vain. Dans les États où les Afro-Américains représentent une part importante de l'électorat démocrate,
comme la Caroline du Sud, l'Alabama ou la Géorgie,
ils continuent de voter massivement Clinton – pour les
plus âgés, la magie du patronyme demeure.

« Bill considère que ce n'est pas correct de s'en
prendre à lui pour affaiblir Hillary, affirme un proche
sous réserve d'anonymat. Personne n'a jamais compris

le fonctionnement de ce couple, mais quelle équipe ! Ils se téléphonent plusieurs fois par jour. Il ne supporte pas qu'on s'attaque à sa femme. Surtout, il est furieux que Bernie affirme qu'il a été un mauvais président ! »

John Podesta, l'un de leurs plus vieux amis d'université, ancien secrétaire général de la Maison-Blanche de Bill et grand ordonnateur de la campagne d'Hillary, résume la situation : « Lui ne se bat pas contre Bernie pour faire le bilan des années 1990. Elle se bat pour devenir présidente des États-Unis. »

Après plus de six mois de guérilla, c'est en Californie que le duel démocrate doit enfin se conclure. Bill Clinton connaît trop la politique et son propre parti pour attaquer ouvertement ce rival surgi des forêts de bouleaux du Vermont, capable d'électriser la nouvelle génération des Millennials. Tout au long de la campagne des primaires, le sénateur de 74 ans, jusque-là dans la pénombre, a offert aux jeunes ce qui a manqué à sa rivale : la passion, et l'espoir d'un renouveau.

Dans le Vermont, petit État rural au nord-est du pays, comptant moins de 700 000 habitants, nul n'ignore le tempérament et les idées progressistes de l'élu qui, à un poste ou à un autre, les représente depuis trente-cinq ans.

Son accent, tout en chuintements, vient de Brooklyn, New York. Né dans une modeste famille juive qui a fui la Pologne dans les années 1920, diplômé en sciences politiques de l'université de Chicago à l'époque de la lutte pour les droits civiques, Bernie s'installe en 1968 en Nouvelle-Angleterre, havre des intellectuels de gauche rêvant de vivre plus près de la nature. Il a travaillé quelques mois dans un kibboutz en Israël – il ne témoignera jamais d'un engagement particulier sur la question, pas plus que le moindre attachement à la religion – et passera sa lune de miel à Moscou avec sa seconde épouse, Jane, directrice de collège, qui jouera un rôle considérable dans la campagne de 2016.

Sanders a le goût de la politique et se range parmi les indépendants – cette famille de pensée qui ne se reconnaît ni dans les thèses démocrates ni dans les préceptes républicains, et qui périodiquement envoie ses représentants tenter leur chance auprès des électeurs. Ross Perot à droite en 1992, Ralph Nader à gauche en 2004 et 2008 ont ainsi concouru un temps à l'élection présidentielle.

Dans les années 1970, tignasse ébouriffée et grosses lunettes de myope, Sanders se présente sous l'étiquette indépendante, sans succès, aux postes de gouverneur et de sénateur du Vermont. Il a échappé à la guerre du Vietnam en jouant du calendrier tout en optant pour le statut d'objecteur de conscience. En 1981, il devient maire de Burlington, la capitale – il sera réélu trois fois. En 1990, le voilà envoyé à Washington, à la Chambre des représentants. Il y passera seize ans avant d'être promu au Sénat en 2006, et brillamment réélu en 2012, toujours sous la même étiquette.

« Bernie a suivi une tactique imparable, explique en souriant Peter Galbraith, fils de l'économiste John Kenneth Galbraith et ancien ambassadeur, qui a siégé au Sénat du Vermont. Comme dans notre système on peut se présenter tous les deux ans à des postes divers suivant le rythme des renouvellements à mi-mandat présidentiel, Sanders a pratiquement tout essayé ! Impossible de lui échapper quand vous vivez ici[1] ! » On comprend aussi, entre les mots, que loin de son image de grand-oncle bienveillant, le sénateur a acquis auprès de ses collaborateurs une solide réputation de soupe au lait, irascible, pétri de certitudes et convaincu depuis toujours de la « grande conspiration du système établi », pour reprendre une de ses formules de campagne.

À Washington, Sanders ne fait pas d'étincelles, mais il acquiert une réputation de cohérence dans sa défense des causes progressistes, depuis la dénonciation des iné-galités et des discriminations jusqu'à la mise en cause des programmes de surveillance de masse mis en place après le 11 Septembre dans le cadre du Patriot Act et de la National Security Agency.

« Il faut lui reconnaître de la suite dans les idées et une vraie indépendance d'esprit, souligne le politologue John Judis, de la Fondation Carnegie, lui-même résident au Vermont. Il veut défendre une classe moyenne en perdition contre la caste des milliardaires qui contrôle l'économie et notre système politique. Sanders n'est pas un libéral qui veut réconcilier Wall Street et Main Street, pour reprendre la formule d'Hillary, il n'est pas non plus un socialiste à la Mélenchon qui veut que les travailleurs détruisent le capitalisme. Il est un populiste de gauche, et fier de l'être[2]. »

Bernie n'est pas populaire au Sénat, où on le consi-dère au mieux comme un empêcheur de tourner en rond. Aucun de ses collègues ne lui accordera son soutien quand il décidera, au début de l'été 2015, de se lancer

---

1. Entretien avec l'auteure, Paris, 27 avril 2016.
2. Entretien avec l'auteure, Paris, 16 février 2016.

dans la campagne présidentielle sous l'étiquette démo-crate. Seuls deux membres de la Chambre des représen-tants se rangeront à ses côtés.

Il ne pense pas une seconde qu'il est en mesure de gagner, affirment alors ses proches – il veut faire valoir un « agenda progressiste ». Il n'éprouve aucune animosité envers Hillary Clinton – il avait soutenu en 1993 son projet avorté de réforme du système de santé. « Je ne devrais sans doute pas le dire à haute voix, confie-t-il à un collaborateur quand les deux candidats se croisent par hasard à Penn Station, la gare de New York, en juin 2015, mais je l'aime bien… »

Les relations vont se tendre au fur et à mesure que grossissent les foules attirées par le discours de Bernie, et que gonfle son budget de campagne, alimenté uni-quement par les petits donateurs.

Dès leur premier duel télévisé, en octobre 2015, San-ders annonce qu'il souhaite un vrai débat d'idées, pas un pugilat, et qu'il n'utilisera pas contre sa rivale l'affaire des courriers électroniques qui, dit-il, n'intéresse pas vraiment le peuple américain. En retour, Hillary l'at-taque bille en tête sur les armes à feu – sous prétexte que le Vermont est un État de chasseurs où il n'est pas question de les interdire, Sanders a toujours cultivé l'ambiguïté sur la question, se gardant bien d'égratigner la toute-puissante National Rifle Association, qui aurait aussitôt mis un terme à sa carrière politique.

Loin de lâcher prise après quelques victoires d'étape et de témoignage, comme d'autres candidats marginaux avant lui, Bernie Sanders va tenir jusqu'au bout, mettant à rude épreuve l'endurance et les capacités financières, pourtant considérables, de sa rivale, l'empêchant de jeter toutes ses forces dans la bataille contre Donald Trump. « Hillary l'escroc n'arrive pas à conclure son affaire avec Bernie Sanders ! L'escroc ! Incapable ! » pianote sur Twitter le candidat républicain.

Le clan Clinton en reste interdit. Comment Sanders, cet homme politique obscur, parti sans équipe et sans moyens, a-t-il ainsi capté la colère de l'électorat démocrate ? Pourquoi son discours séduit-il en particulier la jeune génération qui rejette massivement la candidate pour crier à l'unisson « *Bern or bust !* Bernie ou rien ! *Never Hillary !* Elle, jamais ! » Pourquoi Hillary a-t-elle tellement de mal à séduire et à convaincre, elle qui, en petit comité, se révèle si chaleureuse et attachante, avec ce rire de gorge qui vous prend par surprise ? Pourquoi les femmes en particulier, qui avaient tant contribué à la porter au Sénat en 2001, se dérobent-elles aujourd'hui au lieu d'aspirer avec elle au Bureau ovale ? Jusqu'à la convention démocrate de Philadelphie, le 25 juillet 2016, le périple d'Hillary Clinton ne devait être qu'une coûteuse formalité. Le voilà qui s'annonce bien plus tortueux et périlleux que prévu.

« En politique et dans l'opinion, Clinton est une marque. Une marque d'une valeur infinie, construite en près d'un demi-siècle de vie publique. Mais c'est une marque abîmée. Il y a comme une fatigue Clinton en Amérique… », souligne E. J. Dionne, éditorialiste vedette du *Washington Post*. « Abîmée par sa longévité d'abord. Hillary – son seul prénom suffit – est dans le paysage depuis des lustres. On a l'impression de tout savoir sur elle, et parfois d'en savoir trop. Il y a la trace des scandales de toutes natures, sexuels et financiers, qui ont émaillé les deux mandats de Bill. Ce dernier bénéficie d'une popularité presque intacte – au moment où il était menacé de destitution, il avait 60 % d'opinions favorables, contre 50 % pour Obama aujourd'hui ! Mais les républicains ont beau jeu de ranimer le souvenir de ses frasques, d'encourager les médias à faire témoigner ses proies anciennes ou récentes, et d'aller jusqu'à dépeindre Hillary en facilitatrice[1] ! »

Est-ce la raison pour laquelle l'électorat féminin ne se précipite pas dans les bras de Mme Clinton ? En février 2016, dans la primaire du New Hampshire – la seule à avoir fait un triomphe à Hillary en 2008 contre Barack Obama –, Bernie Sanders remporte plus de la moitié des suffrages féminins.

« Le mouvement féministe a beaucoup évolué aux États-Unis, explique Edward Luce, chef du bureau américain du *Financial Times*. Souvenez-vous, il s'était divisé sur la façon dont Hillary avait défendu son mari lors des affaires Gennifer Flowers et Monica Lewinsky. À l'époque, il s'agissait de faire porter la faute aux femmes, des menteuses plutôt que des victimes. Aujourd'hui, c'est l'inverse : quelles que soient les circonstances, la femme est d'abord la proie – ceux et a fortiori celles qui en doutent sont forcément suspects[2]. »

« Il y a aussi une vraie fracture générationnelle entre les femmes susceptibles de voter Clinton, reprend E. J. Dionne. Pour sa génération, Hillary reste un porte-étendard, sinon une héroïne. Pour les femmes plus jeunes, accoutumées à un certain nombre d'acquis même si elles

---

1. Entretien avec l'auteure, Des Moines, 1er février 2016.
2. Entretien avec l'auteure, Washington, 21 janvier 2016.

restent moins bien payées que les hommes, une femme à la Maison-Blanche n'est pas nécessairement un but en soi. On a bien élu un Noir. Autrement plus audacieux, non ? Et puis, pourquoi cette femme-là ? »

Le clivage n'est pas seulement entre les générations, il est aussi culturel. Quels ne sont pas la surprise et l'embarras d'entendre l'icône du féminisme américain, l'une de ses consciences morales, Gloria Steinem, toujours d'attaque à 82 ans et fervente partisane d'Hillary, déclarer à la télévision que les filles se précipitent dans les meetings de Sanders pour y rencontrer des garçons ! Difficile de faire plus machiste. Là-dessus, Madeleine Albright, la première femme à avoir été nommée secrétaire d'État, ajoute en public, en présentant la candidate, « qu'il y a une place spéciale en enfer pour les femmes qui ne s'entraident pas ! ».

L'une et l'autre cherchent à se justifier et s'enlisent. Le ridicule s'abat sur le camp Clinton.

On les appelle les « Berniecrats » ou les « Sandernistas », en souvenir du soutien apporté autrefois par le maire de Burlington à la cause des Sandinistes du Nicaragua. Ils ont entre 18 et 34 ans. Ils sont plutôt de race blanche, habitent la ville, et quand on regarde la carte, se concentrent dans la moitié nord du pays. Ils ont découvert la politique avec « Feel the Bern », galvanisés sur les réseaux sociaux et dans les réunions électorales du sénateur du Vermont par un discours qui fait la part belle à l'émotion, à l'indignation et à l'espérance.

Plus la campagne avance, plus ils se rallient à lui – en fin de course, il apparaîtra que Sanders a conquis beaucoup plus de jeunes en dessous de 30 ans que Donald Trump et Hillary Clinton réunis.

D'un bout à l'autre de l'Amérique, semaine après semaine, ils sont venus crier leur ralliement à quelques formules simples que leur héros, avec conviction et véhémence, répète à l'envi : « À bas la caste des milliardaires, à bas Wall Street qui fait main basse sur notre économie, à bas les fonds spéculatifs qui pervertissent notre système politique ! Il faut créer des emplois, augmenter les salaires et les prestations sociales, rendre gratuite l'éducation supérieure, interdire le libre-échange, investir dans les infrastructures, défendre l'environnement. Secouons le système, vive la révolution politique ! Pour la justice sociale, économique, raciale et environnementale ! »

Tous sont d'accord. Chacun contribue selon ses moyens – une levée de fonds par voie électronique appelle chaque jour, en fonction des échéances, à envoyer 1, 3 ou 27 dollars. Sanders dénonce les super-PACs, autorisés à financer le candidat de leur choix de façon quasiment illimitée. Grâce aux seuls dons individuels, il a récolté plus de 210 millions de dollars – c'est sans précédent – et peut jouer à armes égales avec sa rivale, la dépassant parfois, inondant les télévisions locales de ses spots publicitaires.

« 353 400 dollars pour dîner avec George Clooney ! C'est obscène ! » Dans un courriel envoyé à tous ceux qui suivent sa campagne, Bernie Sanders éructe. Une invitation est parvenue au printemps aux sympathisants d'Hillary leur proposant une soirée à Los Angeles avec la candidate, George et Amal Clooney. Un autre dîner pour collecter des fonds a eu lieu à San Francisco. Les admirateurs se sont précipités – la Silicon Valley aime Hillary, même si son soutien financier au socialiste du Vermont est conséquent. Ce dernier tient à préciser qu'il ne critique pas Clooney : « Tout le monde l'aime. On vous recommande même son film, *Money Monster*, qui décrit les ravages causés par la rapacité et le cynisme de Wall Street. Mais 353 000 dollars est une énorme somme d'argent. Et c'est bien pour cela que nous devons nous battre, pour empêcher les millionnaires et les milliardaires d'acheter les élections. Envoyez-nous 3 dollars ! En solidarité, Bernie. »

À l'aide d'importantes donations privées, de plusieurs PACs et super-PACs, le camp Clinton a récolté plus de 300 millions de dollars. Contre toute attente, voilà HRC financièrement à la peine : il lui faut à la fois lancer la campagne contre Donald Trump et venir à bout de Bernie Sanders.

La bataille de Californie est d'autant plus cruciale que ce dernier ne cache plus son intention de barrer à Hillary la voie royale vers la convention de Philadelphie.

« Si seulement il suffisait de faire des discours ! s'écrie Hillary Clinton devant ses partisans à Oakland, en Californie, où elle multiplie les meetings pour contenir l'offensive de Sanders. Juste monter sur l'estrade, promettre la lune, faire assaut de rhétorique ! Le boulot serait vraiment plus simple ! »

Son problème, c'est que contrairement à son rival, elle ne parvient pas à fixer dans les esprits quelques thèmes précis. Face à l'« économie morale » prônée par Sanders – qui est allé en discuter avec le pape François au Vatican –, elle reste dans le flou. Depuis son premier clip de campagne annonçant qu'elle était prête (à quoi ? ont ricané ses détracteurs), l'ancienne secrétaire d'État a multiplié les angles d'intervention. Pour chaque problématique, elle a un plan – personne n'en doute, elle a toutes les compétences requises.

Mais comment faire valoir l'expérience et la raison face aux frissons de la révolution ? L'exercice est d'autant plus ingrat que HRC incarne précisément le système que son rival veut mettre à bas. Et elle défend en toutes occasions le bilan de Barack Obama – le sénateur socialiste, lui, ne fait jamais allusion au président sortant.

Bernie exige un nouveau duel télévisé avec Hillary. Elle refuse : ce n'est plus le moment. Pour la contourner, encouragé par certains sondages qui lui accordent une meilleure chance face au candidat républicain, Sanders propose un débat à Donald Trump. Ce dernier hésite, puis décline : « Inutile de discuter avec celui qui n'est que le second de la course. »

Dans ses derniers meetings californiens avant le vote du 7 juin, le sénateur du Vermont ne cesse de hausser le ton. Il accuse le camp Clinton de « jouer salement » contre lui, les soutiens financiers de l'ancienne secrétaire d'État – « la lie de la terre » – mènent des attaques « scandaleuses ». Il continue de dénoncer les liens de Hillary avec Wall Street, ses discours à 225 000 dollars chez Goldman Sachs. Il s'en prend, c'est nouveau, à la Fondation Clinton, financée par des gouvernements étrangers, des dictatures comme l'Arabie saoudite, dit-il sur CNN. L'ancienne secrétaire d'État ose affirmer que le sénateur ne comprend pas bien les problématiques financières et que, de ce point de vue, il n'est pas qualifié pour la Maison-Blanche ? Piqué au vif, il riposte : « Si elle pense que je vais me laisser faire parce que je viens du petit État du Vermont, elle se trompe… C'est elle qui n'est pas qualifiée, elle a approuvé la guerre en Irak, elle finance sa campagne à coups de dizaines de millions de dollars donnés par des fonds d'investissement ! »

Sur Twitter, les militants de Bernie « Feel the Bern » multiplient les messages #NeverClinton et #NeverHillary. Une pétition en ligne « *Won't vote for Hillary*, Je ne voterai pas pour Hillary », recueille près de 86 000 signatures. Jean-Luc Mélenchon ne s'y est pas trompé qui a envoyé une conseillère au sein de l'équipe Sanders : il veut en tirer les leçons pour sa prochaine campagne présidentielle en France.

Les dirigeants du parti démocrate grincent des dents : au lieu de se rendre à l'évidence, d'accepter à ce stade l'impératif de l'unité face à l'adversaire républicain, Sanders pourrait faciliter une victoire de Donald Trump. Le duel qui n'en finit pas coûte par ailleurs une fortune – un million de dollars dépensé en Californie, où la publicité télévisée est la plus chère de l'Union. La fatigue s'installe.

« Tout ceci n'est pas facile pour moi, avait avoué Hillary Clinton face à Bernie Sanders lors de l'un de leurs premiers débats télévisés. À la différence de mon mari ou du président Obama, au cas où vous ne l'auriez pas remarqué, je ne suis pas naturellement faite pour la politique ! »

Cet aveu de faiblesse, rare chez elle, n'a pas adouci les critiques.

Tout au long des primaires, l'éloquence enflammée de Bernie, pour être répétitive, a souligné la raideur d'Hillary, sa propension à la langue de bois, sa difficulté à sentir la foule. Elle a beau forcer sa nature, se prêter, sourire aux lèvres, à tous les selfies et les demandes d'autographe, elle n'a pas été à son meilleur.

« Une catastrophe, tu veux dire ! » s'exclame Joe Klein. L'éditorialiste vedette du magazine *Time* se prévaut de son amitié de longue date avec Bill Clinton pour dire tout haut de Hillary ce que beaucoup pensent tout bas. « C'était franchement pénible – toutes ces erreurs, accepter des conférences payantes au milieu des primaires, et cet excès de prudence, refusant de s'attaquer à Sanders de peur de perdre les jeunes qui de toute façon ne l'aiment pas ! Un vieux papy socialiste qui ne sera jamais au pouvoir, ça leur plaît, c'est de leur âge ! Tu vas voir, maintenant qu'on est sortis des élections locales et qu'on aborde l'élection générale, elle sera bien meilleure[1]. »

Nick Merrill, le jeune directeur de la communication Clinton, opine. Vivement le véritable affrontement, le corps-à-corps avec Donald Trump, vivement la vraie campagne présidentielle plutôt que ce combat fratricide…

Déjà, dans ses dernières réunions en Californie, Hillary a changé de registre. Elle a pris de l'ampleur, de l'aisance, elle a calé sa voix, elle a trouvé son ton. À San Diego le 2 juin, dans la salle du Prado à Balboa Park, elle brille, elle resplendit. Elle désigne l'ennemi, et elle l'attaque de front. Il s'appelle Donald Trump :

« Le candidat du parti républicain à la fonction présidentielle ne peut pas faire le job. Non seulement il manque de préparation à un point incroyable, mais il est menteur,

---

1. Entretien avec l'auteure, San Bernardino, 3 juin 2016.

bagarreur, dangereusement incohérent et, par tempérament, inapte à être président. Imaginez-le, en colère dans le Bureau ovale ! Il n'aurait plus seulement Twitter à sa disposition mais tout l'arsenal militaire du pays ! »

Les militants, transportés et rassurés, applaudissent à tout rompre. Les mêmes médias qui la malmenaient depuis des mois apprécient la performance. Enfin des commentaires positifs, soupirent ses proches.

Le lendemain elle est à San Bernardino, non loin de l'endroit où en décembre 2015 un couple de militants islamistes assassinait quatorze personnes. Dans l'immense salle de basket de la California State University, la candidate démocrate choisit de ne pas parler de terrorisme mais d'immigration, d'emploi, d'éducation.

« Je vais vous expliquer pourquoi Donald Trump est indigne d'être président des États-Unis. Je ne vais pas arrêter de vous l'expliquer ! » L'assistance applaudit avec ferveur. Il y a là une majorité d'Hispaniques, beaucoup de femmes, des jeunes aussi qui ont traversé le campus. Le vent chaud du désert proche assèche les gorges. « Trump s'en prend aux immigrants, son plan est un scandale... Ils sont venus ici pour vivre le rêve américain, ses propres ancêtres aussi ! Il veut déporter onze millions de gens, ce n'est pas ça l'Amérique. J'en ai assez que Trump insulte les États-Unis ! Un pays du tiers-monde, dit-il ! Il le répète depuis des années, juste pour attirer l'attention sur lui, pour faire la une des journaux. Ce n'est pas une raison suffisante pour devenir président des États-Unis ! »

L'adulation des foules porte sur l'ego. En Californie, de meeting en meeting, Bernie Sanders en oublie que l'arithmétique lui est déjà défavorable : il a gagné dix millions de voix, Hillary Clinton en a remporté treize. Il semble sincèrement convaincu qu'il peut encore gagner. Il ne cache pas son exaspération vis-à-vis des « médias du système » qui ne l'ont jamais pris au sérieux, incapables selon lui de couvrir convenablement cette explosion d'enthousiasme et d'espoir qu'il a su susciter chez les jeunes.

Les quelques réunions du sénateur du Vermont pour mobiliser l'électorat hispanique ne rencontrent visiblement pas le même écho. Sous la coupole aux couleurs vives de la Casa de Mexicanas, dans le bas de la ville de Los Angeles, on l'écoute poliment égrener un argumentaire qu'il n'a pas adapté aux préoccupations de son auditoire. Quand il s'est arrêté à Echo Park, suivi par quelques journalistes accrédités, il a interrompu pour la photo quelques familles occupées à griller du maïs sur un barbecue. « On vous a vu à la télé ! » dit une vieille dame en espagnol. « Fous-leur la pâtée ! » crie un admirateur. Indifférent, un couple d'amoureux se prélasse sur la pelouse. « Sanders est fou ! » glisse tranquillement le jeune homme à sa copine.

Dernier soir de campagne. Dans la nuit tombante, devant le Memorial Coliseum de Los Angeles, un groupe de musiciens latinos réchauffe l'ambiance. Des jeunes, quelques couples esquissent des pas de danse. Susan Sarandon et Dick Van Dyke viennent expliquer pourquoi il faut continuer le combat. Bernie apparaît, flanqué de sa famille. Il n'en finit plus de répéter le même discours, il tempête encore une fois contre Wall Street et contre

Hillary, il ne sait plus s'arrêter, il ne veut pas que son épopée se termine.

Le soir du 7 juin 2016, à Brooklyn, encerclée de militants en liesse, resplendissante dans sa robe blanche, les bras au ciel, Hillary célèbre son triomphe. Elle a remporté haut la main la bataille des primaires, avec 3,5 millions de voix et quatre cents délégués de plus que son rival. Candidate présomptive du parti démocrate à l'élection du 8 novembre prochain, elle est la première femme de l'histoire des États-Unis à représenter l'un des deux grands partis dans la course à la présidence.

Les larmes aux yeux, elle parle de sa mère, née le 4 juin 1919, le jour même où le Congrès a accordé aux femmes le droit de vote.

Elle félicite le sénateur du Vermont pour son long parcours au service de l'intérêt général et le remercie avec effusion pour « le débat vigoureux, très bénéfique pour le parti démocrate et pour l'Amérique » qui a animé la campagne des primaires.

« Merci à tous ! Le combat continue ! » Le même jour, poing levé, Bernie Sanders s'adresse à ses militants surchauffés dans la salle de l'aéroport de Santa Monica. Pas question pour lui ni pour eux de reconnaître que la bataille est finie, qu'Hillary Clinton a gagné la course à l'investiture, comme l'a annoncé à sa grande fureur l'agence Associated Press la veille du scrutin californien. De fait, elle avait déjà gagné le nombre requis de délégués grâce à ses victoires dans le New Jersey, le Dakota du Sud et le Nouveau-Mexique.

En Californie, avec l'aide de Bill, au terme d'une campagne acharnée qui a consolidé en sa faveur le soutien des minorités, à commencer par les Hispaniques, elle a fait mentir les sondages et remporté la bataille avec treize points d'avance. Elle écrasera son rival quelques jours plus tard dans la dernière primaire, à Washington DC.

Bernie ne veut rien entendre. Il a déjà promis de semer la pagaille à la convention de Philadelphie et demandé à la municipalité l'autorisation d'organiser quatre manifestations. Il veut faire fructifier son capital : douze millions de partisans, dont la grande majorité n'avait jamais voté. « Le plus extraordinaire à mes yeux : dans presque tous les États, j'ai gagné le suffrage des jeunes. Notre vision de justice sociale, de justice économique, de justice raciale et environnementale sera l'avenir de l'Amérique ! »

Deux jours plus tard, le président Obama attend le sénateur du Vermont à la Maison-Blanche. L'heure est venue de rassembler le camp démocrate.

8

L'usure du parti démocrate

Le 9 juin 2016, Barack Obama envoie un message par courrier électronique : « Christine, je voulais que tu sois la première à l'apprendre. Aujourd'hui je suis fier d'annoncer que je suis avec Hillary… Christine, je sais combien le job de président peut être difficile. C'est pourquoi je sais qu'elle peut réussir. Je pense qu'il n'y a jamais eu de personne plus qualifiée pour exercer cette fonction. Elle a le courage, la compassion et le cœur pour faire avancer les choses (je le sais : j'ai dû débattre une vingtaine de fois avec elle). Après notre compétition sans merci en 2008, elle a accepté de servir le pays comme secrétaire d'État. J'ai observé de près son jugement, sa fermeté, son engagement pour défendre nos valeurs… Je suis à ses côtés, je suis enthousiaste, j'ai hâte de m'y mettre et de faire campagne pour Hillary. »

Assorti d'une courte vidéo pour appuyer le propos, le soutien présidentiel, personnalisé par le logiciel des équipes Clinton, fait son effet.

Pendant les derniers mois, soucieux de ne pas prendre parti mais inquiet des tensions internes aggravées au seul profit de l'adversaire, le président a rongé son frein.

Il a reçu une fois Bernie Sanders ; « Bernie apporte une énorme énergie et beaucoup d'idées », s'est-il contenté de déclarer à propos de celui qui n'a jamais fait partie de ses affidés – le sénateur s'était même longuement battu au Congrès contre sa politique fiscale. Auprès des jeunes Sandernistas, chauffés à blanc par les attaques de ce dernier contre la candidate qui doit maintenant chercher leur soutien, seul Barack Obama jouit du prestige nécessaire pour cautériser les plaies.

Dès le lendemain du scrutin californien, le président reçoit Bernie Sanders à la Maison-Blanche. Pour les caméras, il lui passe, au sens propre, la main dans le dos – les deux hommes se séparent tout sourire. Bernie « Feel the Bern » lance à l'intention de sa rivale victorieuse : « Je suis impatient de la rencontrer pour voir comment nous pouvons travailler ensemble pour battre Donald Trump et créer un gouvernement qui nous représente tous. » Une mise en garde plutôt qu'une reddition, avant la dispersion d'une bonne partie de son équipe. Une semaine plus tard, sans reconnaître formellement sa défaite, il précise qu'il votera pour Hillary Clinton.

En ce début d'été 2016, la cote de popularité de Barack Obama atteint 55 % d'opinions favorables – un atout rare pour peser sur la campagne et veiller aussi à son propre héritage.

La crise financière de 2008 à peu près surmontée (même si les inégalités sont loin d'être réduites et le système bancaire à peine retouché), le taux de chômage descendu à 5 %, le déficit de la dette publique abaissé, une réforme du système de santé qui, pour être incomplète, est une avancée, l'accord de Paris sur le réchauffement climatique, la reprise des relations avec l'Iran, désormais entravé dans ses ambitions nucléaires, cinq cent soixante règlementations majeures promulguées par décret pour outrepasser l'obstruction systématique de la majorité républicaine au Congrès – vu de la Maison Blanche le bilan est plutôt flatteur. Le président sortant entend bien le mettre à l'abri de l'opération de destruction massive promise par le camp adverse.

Barack Obama est particulièrement impatient de s'en prendre à Donald Trump. L'homme d'affaires alimente depuis 2011 les théories du complot les plus fumeuses sur sa religion et ses origines. La campagne, émaillée de remarques racistes, l'a offusqué – en particulier le terme « mon Afro-Américain » utilisé par le candidat républicain, ranimant le vocabulaire des esclavagistes d'autrefois.

Potus – l'acronyme de « President of the United States » qui lui sert aussi d'adresse sur Twitter – a eu quelques occasions d'exercer son humour aux dépens du New-Yorkais. Sacrifiant pour la dernière fois en avril dernier au rituel du White House Correspondents' Association dinner, il avait vanté à sa façon les compétences du candidat républicain en matière de politique étrangère : « On dit qu'il n'a pas assez d'expérience pour être président, mais honnêtement, depuis des années il rencontre des personnalités du monde entier : Miss Suède, Miss Argentine, Miss Azerbaïdjan… » Il faut dire que Donald Trump, absent ce soir-là, justifiera la boutade en déclarant quelques jours plus tard qu'il connaissait bien la Russie pour y avoir organisé un concours de Miss Univers.

Au dîner de Washington, Barack Obama envoie aussi quelques piques à la candidate démocrate qui a tant de mal à séduire les jeunes électeurs. La comparant, mimique à l'appui, à une vieille dame qui ne parvient pas à maîtriser Facebook, il lance : « Tu as bien reçu mon *poke* ? C'est sur mon *wall* ? Signé *Aunt Hillary*, tante Hillary. » L'assistance retient son souffle à l'idée qu'il fasse allusion à un autre usage d'Internet, pour le moins imprudent – il n'en a rien été.

Si les rapports personnels entre le président et son ancienne secrétaire d'État se sont améliorés grâce à ces quelques années de travail en commun, les équipes de la Maison-Blanche et le camp Clinton entretiennent des relations plutôt fraîches. David Axelrod, stratège de la campagne Obama de 2008 et ancien conseiller de Potus, ne s'est pas privé d'égratigner la candidate à chacun de ses faux pas. Aucun membre de l'administration n'envisage a priori de continuer à son poste en cas de victoire démocrate. Le clan Clinton est connu pour protéger les siens, les promouvoir ou les écarter selon les besoins de la cause.

Hillary a ainsi procédé à un large rajeunissement de son équipe de campagne – son directeur, Robby Mook, a 36 ans, Nick Merrill, chargé de ses relations avec les médias, en a 31. Les piliers de l'opération appartiennent néanmoins au tout premier cercle de fidèles : Huma Abedin, considérée comme une fille adoptive, est vice-présidente de la campagne, John Podesta en est président. Jennifer Palmieri dirige la communication, Joel Benenson est chargé de la stratégie et des sondages. Tous sont des anciens de la Maison-Blanche des années 1990. Les deux derniers ont également participé aux campagnes d'Obama comme d'autres conseillers, organisés selon les thématiques et les segments de l'électorat visés. Sept cents personnes ont été mobilisées pour la campagne dont le quartier général est installé à Brooklyn, en face de Manhattan.

La machine du parti démocrate est restée largement acquise au couple Clinton. Andrew Tobias, romancier, financier, héraut de la cause homosexuelle et figure de la communauté gay de Fire Island, en est le trésorier depuis dix-sept ans. À la tête du Democratic National Committee depuis 2011, Debbie Wasserman Schultz, élue de Floride à la Chambre des représentants, est devenue la bête noire de Bernie Sanders. Le candidat malheureux à l'investiture n'a cessé de dénoncer son insistance à appliquer les règles encadrant le déroulement des primaires et de la Convention – un système faussé, selon lui, qui accentue le poids des super-délégués, c'est-à-dire des cadres du parti, au profit de Clinton & Co. Dans un souci d'apaisement, Nancy Pelosi, la patronne des démocrates de la Chambre des représentants, Harry Reid, son homologue au Sénat, et d'autres caciques du parti multiplient désormais les protestations de respect et d'admiration à l'égard du sénateur du Vermont.

Pour élargir son assise et convaincre les électeurs démocrates qui l'ont boudée jusqu'ici, Hillary Clinton doit impérativement cimenter son flanc gauche.

Quelques heures après Barack Obama, Joe Biden, le vice-président, lui déclare son soutien. Connu aussi bien pour son humanité que pour ses gaffes à répétition, il conserve une telle légitimité au sein du parti qu'au printemps 2015 sa propre candidature à la présidentielle avait été évoquée. Leurs relations ont été tumultueuses – au goût d'Hillary, il s'était indûment attribué le beau rôle en encourageant le président à venir à bout d'Oussama Ben Laden alors que la secrétaire d'État était en première ligne. Il n'a pas non plus ménagé ses compliments à l'adresse de Bernie Sanders, dont il a applaudi l'« idéalisme ».

Plus significatif encore pour le camp Clinton, Elizabeth Warren, la sénatrice du Massachusetts, figure de proue des progressistes du parti, annonce publiquement son ralliement. À 67 ans, juriste, spécialiste d'économie et de droit social, éloquente et passionnée, campant sur des positions aussi radicales mais mieux étayées que celles de Sanders, elle était apparue un temps comme la mieux placée pour barrer la route à une candidature Clinton – les républicains n'avaient pas ménagé leurs efforts pour la promouvoir dans les médias, convaincus qu'une autre femme, plus à gauche, constituerait un repoussoir efficace et leur meilleure arme anti-Hillary.

Résistant à des encouragements aussi contradictoires que prématurés, Elizabeth Warren avait préféré passer son tour, laissant le champ libre à celui que personne n'attendait : Bernie Sanders. Restée sur la réserve pendant la bagarre des primaires, elle a entrepris très tôt l'offensive contre Donald Trump, maîtrisant comme lui le nouvel art de la guerre sur Twitter.

Le milliardaire new-yorkais, qui a le trait cruel, la surnomme tantôt « Dingo » pour sa dentition proéminente, tantôt « Pocahontas » à cause d'une obscure querelle sur ses origines peaux-rouges. La sénatrice n'y va pas non plus de main morte : « Faites gicler la boue autant que vous voulez, vos paroles et vos actes vous rendent indigne d'être président. » Quand Trump affirme platement avoir gagné beaucoup d'argent en 2008 grâce à la crise des subprimes qui a saccagé le marché de l'immobilier bon marché, Warren l'accable : « Comment peut-on agir ainsi ? Qui peut souhaiter que d'honnêtes travailleurs soient expulsés de chez eux ? Seul un homme qui ne pense qu'à lui-même, un petit arnaqueur pas sûr de lui qui se moque des gens qui souffrent à condition qu'il puisse en tirer profit... Un tel homme ne sera jamais président des États-Unis. »

À peine sa victoire annoncée, Hillary Clinton reçoit la sénatrice en tête-à-tête à Washington. Elizabeth Warren serait-elle en piste pour la vice-présidence ? Hillary songe-t-elle à installer à la tête de l'exécutif un ticket entièrement féminin ? Les rumeurs vont bon train, et le scénario ne manque pas de piquant.

La sénatrice du Massachusetts dénonce depuis long-temps le positionnement centriste du couple Clinton. Elle attribue à la politique économique de Bill et à l'accélération du libre-échange l'aggravation des inégalités de revenus au détriment des couches populaires et de la classe moyenne. Elle voit dans la crise financière de 2008 la conséquence de la dérégulation enclenchée à la même époque. Dans un livre publié en 2003, *The Two-Income Trap*[1], elle accusait Hillary de complaisance à l'égard des milieux financiers lorsque cette dernière était sénatrice de New York.

HRC n'en a cure : pour elle, la politique est l'art du compromis. Promouvoir Elizabeth Warren est aussi le moyen de vieillir Sanders et de le reléguer au rayon des accessoires tout en donnant des gages à son électorat.

« *It's the economy, stupid !* C'est l'économie, idiot ! » Sur cette injonction, devenue culte, Bill Clinton avait gagné en 1992 sa première élection présidentielle et enclenché un cycle économique favorable – une crois-sance de 3,7 % en moyenne pendant ses deux mandats,

---

1. Elizabeth Warren, *The Two-Income Trap: Why Middle-Class Parents are Going Broke*, Basic Books, 2003.

des années de prospérité gravées dans la plupart des mémoires.

Centriste par conviction, il a engagé le parti démocrate dans la « troisième voie » qu'avait théorisée Anthony Giddens, de la London School of Economics, au profit de Tony Blair et des travaillistes britanniques. Champion du libéralisme, Bill Clinton a accéléré la politique de libre-échange et de dérégulation des marchés financiers à la satisfaction de Wall Street, des milieux économiques et d'une classe moyenne qui, globalement, continue d'en bénéficier. Après deux mandats, le parti démocrate n'a perdu l'élection présidentielle de 2000 que par accident, lorsque Al Gore trébucha sur les listes électorales de Floride au profit de George W. Bush…

« Le parti démocrate est surnommé le "parti qui ne meurt jamais", explique Tom Reston dans le confort feutré du Metropolitan Club, le cercle très fermé des élites de Washington dont fait partie cet ancien haut fonctionnaire, fils d'un légendaire patron du *New York Times* et auteur d'une histoire du parti. Il ne meurt pas mais il n'a plus rien à voir avec ce qu'il était au siècle dernier. Prenez les États du Sud. Jusque dans les années 1960, ils étaient tenus par des démocrates hostiles aux droits des Noirs. Quand Lyndon Johnson les trahit pour la bonne cause en imposant l'égalité civique, ils basculent dans le camp républicain. Au passage, le parti démocrate ne perçoit pas l'importance du vote religieux, et en particulier des évangélistes qui iront gonfler les rangs du GOP. Les Afro-Américains, eux, vont constituer un bastion démocrate solide, acquis aux Clinton et à Obama plutôt qu'à la révolution façon Sanders. Les Hispaniques votent majoritairement démocrate, même si un tiers d'entre eux, davantage attachés aux valeurs catholiques traditionnelles, évoluent vers le parti républicain. La lecture par blocs ethniques est évidemment à croiser avec la grille traditionnelle selon les niveaux de revenus et les classes sociales. Le parti démocrate est devenu le parti des citadins, des grandes villes et des banlieues aisées plutôt que des agglomérations ouvrières. C'est toujours le parti de la classe moyenne, mais de ses strates supérieures. De plus en plus, et c'est préoccupant, le parti démocrate est devenu le parti des experts – d'une population à haut niveau d'éducation, décrochés des classes laborieuses sur lesquelles ils dissertent volontiers, mais dont ils perçoivent rarement les pulsions et les ressentiments[1]. »

« Le parti démocrate représente les cercles dominants de la nouvelle économie capitaliste, résume avec férocité Christopher Caldwell, éditorialiste conservateur et rédacteur en chef du *Weekly Standard*. Les professeurs d'université votent démocrate à une écrasante majorité. Les employés de Google, Apple, Yahoo, Netflix, LinkedIn et Twitter ont versé plus de 90 % de leurs dons à Obama lors de la dernière élection présidentielle. Les démocrates ont cherché à minorer leur identité élitaire en insistant sur leur défense des droits de toutes les minorités, et pas seulement des milliardaires… En gros ils sont le parti de ceux pour qui les choses se sont améliorées au cours de la dernière génération : milliardaires, Noirs, homosexuels, immigrés et femmes occupant de hautes fonctions. »

C'est oublier un peu vite la tradition historique de la « grande tente » qui, depuis la fin du XVIIIe siècle, abrite et regroupe toutes les variantes de la société américaine,

---

1. Entretien avec l'auteure, Washington, 19 janvier 2016.

depuis les intellectuels jusqu'aux catholiques et aux juifs. Contrairement à son rival républicain, hiérarchisé de haut en bas, le parti démocrate est bien une coalition de groupes sociaux qui, selon les cycles politiques, réussit à conquérir le pouvoir exécutif et à dominer – c'est plus rare – l'appareil législatif.

Il compte aussi quelques bastions, à commencer par les fonctionnaires : « 25 % des foyers qui votent démocrate travaillent de près ou de loin pour le gouvernement, précise Jim Clifton, président de Gallup. Ils n'ont évidemment aucun intérêt à en réduire l'emprise, au niveau fédéral comme au niveau des États ! » On en revient au clivage fondateur entre les deux grands partis politiques, les républicains réclamant à chaque fois une moindre emprise de l'État sur la société et sur l'individu.

Autre relais majeur du parti démocrate : le monde syndical. Affaibli par la désindustrialisation dans les États de la *Rust Belt*, « la ceinture de la rouille », tels l'Ohio, le Wisconsin ou la Pennsylvanie, il s'est divisé pendant la course des primaires : la fédération des enseignants a milité pour Hillary, le syndicat des télécoms et les infirmières pour Sanders, l'AFL-CIO, le plus important, n'a pas voulu trancher. Si les dirigeants et leurs troupes restent massivement affiliés au parti démocrate, le message populiste de Donald Trump rencontre un certain écho, notamment dans le secteur des services.

Poussant la caricature, l'essayiste de gauche Thomas Frank souligne l'effet de la colère sociale ambiante qui brouille les clivages partisans : « Trop occupée à assister aux conférences TED et à passer ses vacances à Martha's Vineyard [l'île chic au large de Boston où les Obama comme les Clinton passent leurs vacances], l'élite démocrate a abandonné les engagements traditionnels du parti envers la classe laborieuse. Ce faisant, elle a contribué à la forme de colère et de désespoir politique qui alimente aussi l'insurrection à droite[1]. »

Au sein de la classe moyenne, et singulièrement de la jeune génération, l'usure du parti démocrate est manifeste ; 80 % des jeunes n'ont pas voté aux dernières élections de mi-mandat en 2014.

C'est bien la faille dans laquelle s'est engouffré Bernie Sanders. Dès l'été 2015, il ranime à son avantage le mouvement Occupy Wall Street, qui avait surgi en 2011 à Zuccotti Park, à New York, dans le sillage des Indignés de Madrid. Pendant quelques mois, la manifestation avait rassemblé toutes sortes de militants qui protestaient contre les inégalités sociales, les excès du système financier et les abus policiers. Soutenu par plusieurs syndicats, Occupy Wall Street était boudé par les instances du parti démocrate qui, en plein duel présidentiel entre Obama, le président sortant, et le républicain Mitt Romney, s'étaient prudemment tenues à l'écart.

Comme souvent, le meilleur commentaire sera celui de l'humoriste Jon Stewart : « Si les gens qui étaient censés réparer notre système financier l'avaient fait, ceux qui n'ont aucune idée de la façon d'y parvenir ne seraient pas critiqués pour leur incapacité à offrir la solution. »

En octobre 2011, le président Obama livre une analyse du mouvement qui, cinq ans plus tard, donne la clé du populisme économique de gauche, version Bernie Sanders : « Je crois qu'Occupy Wall Street exprime les

---

1. Thomas Frank, *Listen, Liberal: Or, What Ever Happened to the Party of the People?*, Metropolitan Books, 2016.

frustrations des Américains après la pire crise financière depuis 1929 et les dommages collatéraux subis dans le pays. Pourtant on voit quelques responsables qui font tout pour empêcher les réformes et continuer leurs abus... Le problème est que ces pratiques n'étaient pas nécessairement illégales, mais immorales, inappropriées et sans scrupules... On voit la même chose avec le Tea Party côté républicain. À droite comme à gauche, je crois que les gens se sentent éloignés du gouvernement. Ils ont le sentiment que les institutions ne se préoccupent pas d'eux[1]. » Pendant la même période, la base du parti démocrate a évolué. Selon le Pew Research Institute, les « libéraux », c'est-à-dire les progressistes, représentent désormais 42 % de ses électeurs, les modérés 38 % et les plus conservateurs 17 %. Plus révélateur encore, la proportion des démocrates favorables à une régulation de l'économie par l'État fédéral atteint désormais 65 %.

Si, pendant ses deux mandats, Barack Obama a déçu les attentes de la frange la plus « libérale » du parti qui espérait un président « transformateur » à la manière d'un Franklin Roosevelt, il a néanmoins déplacé l'axe du parti démocrate vers la gauche. Sur le plan social avec les réformes du système de santé et de protection, sur le plan des mœurs avec la légalisation de l'avortement, du mariage homosexuel et du cannabis, comme sur l'environnement, le président sortant a répondu aux attentes de son électorat. Il en a payé le prix fort en perdant massivement les élections de mi-mandat de 2010 et 2014, qui ont renouvelé le Sénat et la Chambre des représentants au profit du parti républicain.

---

1. ABC News, octobre 2011.

Le parti démocrate accompagne et accélère, quand il est au pouvoir, les mutations culturelles du pays, provoquant aussitôt l'antidote politique dont profite son adversaire républicain. Ainsi privé de quatre-vingt-cinq sièges au Congrès et de deux postes de gouverneur, il n'a pas pu procéder au renouvellement générationnel indispensable à la motivation de ses propres cadres. Plus grave, l'administration Obama n'a pas su remédier au mal qui ronge la classe moyenne et alimente sa colère : le redressement économique n'a pas profité équitablement à tous et le fossé entre les très riches et les autres continue de se creuser. Depuis 2009, le 1 % de la population la plus fortunée a capté 95 % de la croissance, et les 90 %, les moins riches, se sont, de fait, appauvris.

La nouvelle phase d'expansion de l'économie américaine, en pleine mutation technologique, augmente les inégalités au lieu de les résorber. Le coût politique en est perceptible.

Comme le soulignent deux prix Nobel d'économie classés à gauche, Paul Krugman et Joseph Stiglitz, les Américains les plus aisés jouent plus facilement que les autres de leurs leviers politiques, le système de donations leur permettant de financer les partis, les candidats et les groupes de pression[1]. Plus de la moitié des membres du Congrès appartiennent aujourd'hui à la catégorie des millionnaires, et le taux de confiance des citoyens s'en ressent : 80 % des Américains désapprouvent l'action du Congrès, rappelle Jim Clifton, le

---

1. In Thomas Snégaroff et Alexandre Andorra, *Géopolitique des États-Unis*, PUF, 2016.

patron de Gallup, tant ils sont convaincus que la classe politique ne se préoccupe que d'elle-même. Quand Bernie Sanders met en cause « le système établi » et « sa corruption par les puissances de l'argent », ce ne sont pas tant les institutions dans leur ensemble qu'il incrimine, mais bien le parti démocrate – ce parti qu'il n'a rejoint qu'en 2015 de façon à peser dans la course présidentielle.

Bill Clinton puis Barack Obama avaient promis d'assainir les règles de financement des campagnes électorales. Ils n'en ont rien fait.

Dans son arrêt de 2010, « Citizens United », la Cour suprême a déplafonné le montant des donations que les entreprises, les particuliers et les associations en tout genre ont le droit d'accorder aux campagnes politiques. Stephen Breyer, l'un des neuf membres de la plus haute juridiction du pays, s'y était opposé à l'époque : « Le raisonnement qui a prévalu insiste sur la primauté du premier amendement de la Constitution : le don d'argent est considéré comme une manière d'exercer sa liberté d'expression, liberté qui ne saurait souffrir d'aucune entrave. Pourquoi la Cour n'est-elle pas revenue sur cette décision ? Parce que le Congrès ne nous l'a pas demandé. Vous savez bien que je ne peux pas discuter politique… mais on voit mal, toutes tendances confondues, qui aurait intérêt aujourd'hui à remettre le système en cause[1] ! »

En 2008, Barack Obama bouleverse à sa façon le mode de financement de la politique américaine. Utilisant Internet pour identifier et mobiliser ses partisans, il fidélise une nuée de petits donateurs qui vont

---

1. Entretien avec l'auteure, Washington, 18 janvier 2016.

puissamment contribuer aux quelque 778 millions de dollars que coûtera sa campagne.

Huit ans plus tard, Bernie Sanders amplifie le phénomène : amassant en quelques mois près de 230 millions de dollars, il se rend indépendant de la machine du parti démocrate. Il acquiert ainsi un capital considérable : une base de données de nouveaux militants, qu'il entend monnayer au prix fort.

À en croire un sondage publié en avril 2016 par l'université de Harvard, la campagne « Feel the Bern » a politisé et ancré à gauche une partie de la génération des Millennials. Pour la première fois depuis cinq ans, 40 % des jeunes ont choisi l'étiquette démocrate contre 36 % d'indépendants et 22 % de républicains. D'après le Bureau du recensement, lors de l'élection présidentielle suivante, en 2020, 36 % des électeurs seront nés après 1980. Il est rare aux États-Unis de changer de parti une fois franchi le cap des 30 ans. La tendance progressiste imprimée par Sanders pourrait donc durablement influencer l'évolution du parti et le positionnement de ses candidats.

Le sénateur du Vermont entend bien peser de tout son poids sur la plate-forme qui décidera du programme de la candidate officielle à l'élection présidentielle.

« Vous êtes douze millions à avoir voté pour la révolution, s'exclame-t-il dans un courrier électronique envoyé à ses militants le 23 juin 2016. Vous voulez le vrai changement dans ce pays, vous êtes prêts à affronter la lâcheté politique et les groupes d'intérêt puissants qui s'y opposent... Nous n'avons pas peur de penser large. Il est possible de transformer l'Amérique en un pays qui profite aux travailleurs et pas aux milliardaires...

Nous transportons notre campagne, nos valeurs et notre mouvement à la convention de Philadelphie ! »

Par tempérament et par convictions, Hillary Clinton incarne la tradition centriste du parti démocrate. Pourtant, d'entrée, elle s'est écartée de l'orthodoxie économique de l'ère Bill Clinton. Les temps ont changé, l'humeur des électeurs aussi.

Bousculée par Sanders, celle qui, se plaint-il, bénéficie de « la machine politique la plus puissante du pays », a gauchi son discours : amélioration de la protection sociale, gratuité de l'éducation supérieure dans les établissements publics, augmentation du salaire minimum, hostilité aux traités de libre-échange. Il lui faut aussi retenir cet électorat en colère, masculin et blanc, inscrit au parti démocrate mais tenté par Donald Trump. Sa marge de manœuvre est d'autant plus étroite qu'elle ne peut se démarquer franchement de la politique d'Obama sous peine de perdre les Afro-Américains, qui continuent d'en être globalement satisfaits.

Dénoncée de tous bords comme la candidate du statu quo, Hillary Clinton doit à tout prix éviter que ne s'accentuent à la fois la fracture générationnelle et le clivage entre centre gauche et gauche progressiste au sein du parti.

« Faites gaffe ! N'allez pas nous foutre tout ça en l'air ! » Dans un tonnerre d'applaudissements, Elizabeth Warren, tout sourire, encourage à sa façon les jeunes volontaires qui s'activent au quartier général de la campagne Clinton à New York. Elle a de l'enthousiasme à revendre, la campagne en a besoin.

Fin juin, Hillary Clinton et la sénatrice du Massachusetts ont tenu leur premier meeting commun à Cincinnati, dans l'Ohio, un État frappé par la désindustrialisation qui pèsera lourd dans la balance électorale le 8 novembre prochain.

Déjà, le ton du discours démocrate a changé.

« Je suis entrée dans la course parce que je veux aider les plus démunis, ceux qui n'ont pas tous les atouts et tous les privilèges, déclare Hillary, main dans la main avec sa nouvelle alliée. Il faut construire une économie qui bénéficie à tout le monde, pas seulement à ceux du sommet. »

Le tournant populiste est assumé, l'alliance politique affichée. L'objectif est double : il faut répondre à la colère qui ronge la classe moyenne et démolir les recettes que lui propose Donald Trump.

« Hillary a la main sûre, et surtout elle a bon cœur, affirme Elizabeth Warren. Elle est notre meilleur atout pour battre M. Trump. Elle sait comment vaincre une brute susceptible, motivée par l'argent et la haine. Elle n'est pas du genre à pleurnicher. Elle ne se précipite pas sur Twitter pour traiter ses adversaires de gros porcs ou d'imbéciles. »

« Quand la sénatrice du Massachusetts dénonce Wall Street et les excès des grandes entreprises, elle parle pour nous tous ! » s'exclame Hillary Clinton qui promet dans la foulée de renforcer le pouvoir des syndicats, de supprimer les niches fiscales des entreprises qui délocalisent à l'étranger, d'augmenter le salaire minimum et de rendre le coût de l'éducation supérieure plus abordable.

La candidate du parti démocrate rappelle au passage que les costumes siglés Trump sont fabriqués au Mexique, le mobilier en Turquie et l'équipement de ses bars en Slovénie. « Il vous écrasera dans la poussière pour obtenir ce qu'il veut, ajoute la sénatrice. Il est comme ça. Donald Trump affirme qu'il veut rendre à l'Amérique sa grandeur. Pour qui, en fait ? Je vous le demande ! »

« Il nous rappelle tous les jours qu'il n'est pas là pour le peuple américain, Elizabeth Warren le décrit pour ce qu'il est ! » conclut Hillary Clinton.

Le duo des deux femmes les plus puissantes du parti démocrate annonce la couleur et la vigueur du combat qui commence.

Le 8 novembre 2016, l'enjeu n'est pas seulement de conquérir le Bureau ovale. Le même jour seront disputés par dizaines les sièges de sénateurs, de représentants et de gouverneurs qui dessineront la nouvelle carte politique du pays et décideront des rapports de force entre la Maison-Blanche et le Congrès.

Depuis la Seconde Guerre mondiale, le même parti politique n'a réussi qu'une seule fois à remporter trois mandats présidentiels consécutifs : en 1988, le républicain Ronald Reagan cédait son fauteuil à son vice-président, George H. W. Bush.

Barack Obama et Hillary Clinton vont tenter ensemble le même exploit.

9

Un été meurtrier

Dans la torpeur d'une nuit de juin, la fête bat son plein au Pulse, l'une des boîtes gays d'Orlando, en Floride. Ce n'est pas la plus courue, et la communauté LGBT (lesbiennes, gays, bisexuels et transgenres) est bien plus active à Miami, à 230 kilomètres de là. Mais chaque samedi, au Pulse, la soirée latino fait salle comble. Ce 11 juin, quelque trois cents personnes se pressent dans l'insouciance quand, vers 2 heures du matin, le tueur fait irruption, fusil semi-automatique dans une main, arme de poing dans l'autre.

Trois heures plus tard, les unités d'élite de la police passent à l'action, abattent l'assaillant et découvrent l'ampleur du carnage : quarante-neuf morts, une cinquantaine de blessés. Six mois après l'attentat de San Bernardino, la hantise du terrorisme étreint à nouveau l'Amérique et gagne la campagne électorale.

Omar Mateen, 29 ans, citoyen américain, né à New York de parents originaires d'Afghanistan, élevé aux États-Unis, était agent de gardiennage. Téléphonant lui-même aux urgences au milieu de la tuerie, il s'était revendiqué de l'organisation de l'État islamique. Au fur et à mesure de l'enquête, on découvre un individu

209

trouble, violent, homophobe affiché mais client d'un site de rencontres homosexuelles, musulman mais buveur d'alcool, surveillé quelque temps par le FBI pour sympathies djihadistes sans qu'aucun acte précis ait été retenu contre lui.

« C'est la fusillade la plus meurtrière de l'histoire américaine », commente, accablé, le président Obama qui parle d'un « acte de terreur et de haine » sans faire explicitement référence au terrorisme islamiste. Prudence excessive à l'égard de la communauté musulmane ? D'après une étude de la George Washington University, quelque deux cent cinquante Américains auraient rejoint les rangs de Daesh et plusieurs attentats – Fort Hood en 2009, Boston en 2013, San Bernardino en 2015 – en portent la signature. « Nous ferons tout pour détruire l'organisation de l'État islamique », avait alors promis le président. Mais les précautions de langage demeurent. « Nous ne céderons pas à la peur, nous ne nous dresserons pas les uns contre les autres », répète-t-il, déplorant encore une fois la complaisance collective à l'égard des armes à feu.

Le sang des victimes n'a pas encore séché sur le bitume d'Orlando que Donald Trump s'est précipité sur son compte Twitter : « J'apprécie les félicitations ! J'avais bien raison sur le terrorisme radical islamique ! » Pas un mot de commisération pour les morts et les innombrables blessés. Le candidat républicain hume à nouveau son meilleur terreau : la peur. Prolongeant l'exercice d'autocongratulation, il ajoute dans un communiqué : « Nos dirigeants sont tellement faibles, j'avais bien dit que ça allait arriver, et ça ne peut qu'empirer ! » Balayant les faits comme à son habitude (contrairement à ses dires, l'assassin était bien un citoyen américain), il ajoute sur Fox News : « Nous sommes dirigés par un homme qui n'est pas assez dur, ou pas assez intelligent, ou alors il a autre chose en tête... » – une façon d'entretenir la rumeur selon laquelle le président, protestant baptiste, serait en fait de religion musulmane. « Il n'ose même pas parler de terrorisme radical islamique ! Hillary Clinton non plus ! Ils font passer le politiquement correct avant le bon sens, avant votre sécurité, avant tout le reste ! Qu'ils démissionnent ! Moi, je refuse d'être politiquement correct ! » Et d'insister sur la proposition qu'il avait faite au lendemain de la tuerie de San Bernardino, d'interdire l'entrée des musulmans aux États-Unis : « Quand je serai élu, ajoute-t-il, je suspendrai l'immigration venant des régions du monde qui sont historiquement une source du terrorisme contre les États-Unis, l'Europe ou nos alliés, jusqu'à ce que l'on comprenne pleinement comment mettre fin à ces menaces. »

« Bannir quiconque en fonction de sa religion serait contraire à nos valeurs ! » riposte Barack Obama sans nommer Donald Trump. En réunion électorale à Cleveland, Hillary Clinton lui emboîte le pas, insistant sur la gravité de la menace terroriste tout en affirmant sa confiance dans la capacité de l'Amérique à faire face : « Nous devons rester une société ouverte et diversifiée qui nous rend plus forts et plus résistants face à la radicalisation... Nous pouvons relever le défi si nous restons unis... Les États-Unis ne sont pas seulement un pays de gagnants et de perdants ! Lorsque je contemple notre histoire, je constate que notre pays a toujours été un pays de *nous*, pas de *moi.* » Ne mentionnant jamais le nom de son rival, elle va jusqu'à rappeler la manière dont George W. Bush, au lendemain du 11 Septembre, s'était rendu dans une mosquée, refusant d'incriminer les musulmans américains en tant que tels.

Mogul riposte : accusant son adversaire démocrate de vouloir augmenter « de 500 % » l'admission de réfugiés syriens – ils ne sont que 4 000 à avoir été acceptés jusque-là –, il affirme qu'« Hillary Clinton veut abolir le deuxième amendement, prendre les armes des Américains puis autoriser les terroristes islamistes radicaux à entrer en masse pour nous assassiner ! ».

La campagne marque un temps d'arrêt. Le meeting où Donald Trump devait s'en prendre à la famille Clinton et à leur fondation est annulé, tout comme une réunion conjointe d'Hillary Clinton et Barack Obama.

Terrorisme et islamophobie ; sécurité et libertés civiles ; armes à feu et droits homosexuels : le massacre d'Orlando provoque le premier choc frontal entre les deux candidats à la présidence sur les lignes de fracture les plus profondes de la culture politique américaine. C'est aussi l'occasion d'un débat virulent entre des communautés dont les revendications pourtant s'entre-croisent.

Les candidats et les médias ont-ils suffisamment souligné que les victimes étaient presque toutes « latinos » ? interrogent certaines associations hispaniques. Pourquoi, une fois de plus, a-t-on esquivé le problème de l'accès libre aux armes de guerre, comme le fusil semi-automatique AR-15, capable de tuer des dizaines de personnes en quelques secondes, utilisé par le meurtrier ? Hillary a beau en réclamer l'interdiction, Trump évoquer une discussion avec la NRA pour en empêcher l'accès aux individus soupçonnés de sympathies terroristes, rien ne change, le Congrès ne bouge pas. Quelques élus démocrates tenteront, en vain, de forcer l'inertie en passant quinze heures à la Chambre des représentants, assis par terre. Les ventes d'armes et les cours de bourse des fabricants grimpent, comme à chaque tragédie. Autre question, plus sensible encore : a-t-on minimisé la souffrance infligée aux homosexuels alors que des « marches de la fierté » à travers le pays vont marquer le premier anniversaire de la légalisation du mariage gay par la Cour suprême ? À Los Angeles, un autre attentat a été évité de justesse : quelques heures avant le départ de la Gay Pride à West Hollywood, un homme a été arrêté dans sa voiture avec trois fusils d'assaut et des produits chimiques. Hillary Clinton comprend le message et va à New York applaudir la parade des LGBT.

Quant à la communauté musulmane – quelque 2,7 millions de personnes, près d'1 % de la population –, elle subit la suspicion qui s'alourdit à son encontre. Plus de la moitié des Américains jugent désormais que l'islam est en contradiction avec leurs valeurs et leur mode de vie. Les actes d'hostilité augmentent, même s'ils demeurent marginaux à l'échelle américaine (70 en 2015). Seul facteur positif : selon le Council on American-Islamic Relations, le cours pris par la campagne présidentielle encourage l'inscription sur les listes électorales d'une minorité jusque-là indifférente au débat politique.

L'insistance du candidat républicain à dénoncer l'islam plutôt que ses dérives et la résonance qu'il rencontre dans l'opinion sont d'autant plus paradoxales que l'Amérique, dans un grand élan mémoriel, célèbre au même moment la disparition de l'un de ses héros. Il était musulman.

Cassius Clay, qui s'était choisi le nom de Mohammed Ali en se convertissant à l'islam, est mort le 3 juin. Une semaine plus tard, le 10 juin, veille de l'attentat d'Orlando, les funérailles religieuses du « Greatest » à Louisville, Kentucky, son lieu de naissance, sont retransmises en direct sur toutes les chaînes du pays. Parmi les orateurs, l'ancien président Bill Clinton célèbre la vie du petit-fils d'esclave, né au temps de la ségrégation, beau comme un ange, vif comme le papillon, dont le parcours illustre toutes les vicissitudes vécues par les Noirs au milieu du siècle dernier. Converti à l'islam à l'âge de 22 ans, il a sacrifié sa carrière plutôt que d'aller se battre au Vietnam, et jeté sa médaille olympique dans la rivière Ohio parce que les Blancs lui refusaient le statut mérité : « Autant vous y faire : je suis noir, sûr de moi, impertinent ; c'est mon nom, pas le vôtre ; ma religion, pas la vôtre ; mes objectifs, les miens. Habituez-vous à moi ! » Au bout de cinquante-six combats et cinq défaites, la reconnaissance sera planétaire. En 1996, d'une main déjà tremblante sous l'effet de la maladie de Parkinson, Mohammed Ali portera la flamme olympique pour ouvrir les Jeux d'Atlanta. Ses gants de boxe orneront le bureau du premier président noir des États-Unis.

« Un véritable grand champion et un type merveilleux ! » commente Donald Trump sur Twitter le soir de sa disparition. Pourtant, quelques mois plus tôt, le candidat républicain niait que des héros du sport américain puissent être musulmans. Mohammed Ali avait répliqué par un communiqué adressé « au candidat présidentiel qui propose d'interdire l'immigration des musulmans aux États-Unis », protestant contre « tous ceux qui utilisent l'islam à des fins personnelles ».

« Rien n'est facile dans une campagne présidentielle. C'est dur, c'est méchant, c'est mesquin, c'est vicieux, c'est… magnifique ! » s'est écrié Mogul dans un élan de bonheur à la fin des primaires.

Pourtant sa campagne patine. Par manque de fonds d'abord : trois millions de dollars en caisse alors qu'il faut changer de braquet face aux quarante-deux millions de la candidate démocrate. John Paulson, « le sultan des *subprimes* » dont le fonds d'investissement a profité à plein de la crise immobilière de 2008, a beau parrainer quelques dîners payants, les puissants donateurs traditionnels du parti républicain continuent de bouder. L'homme d'affaires new-yorkais a remboursé à ses propres compagnies et à ses enfants, pour frais de déplacement, quelque six millions de dollars pris sur les fonds de campagne, ce qui n'a pas plu. Faute d'investissements et de planification, aucun matraquage publicitaire n'a été entrepris dans les *swing states*, ces États qui feront la différence en novembre parce que, selon la conjoncture et les candidats, ils votent tantôt démocrate, tantôt républicain. Les sondages sont en baisse. L'équipe de hussards menée par Corey Lewandowski n'est plus à la hauteur : artisanale, elle compte soixante-dix personnes contre sept cents pour l'organisation rivale. Ses méthodes et son mot d'ordre : « Laissez Trump être Trump ! » indisposent la hiérarchie du parti républicain dont le savoir-faire et la trésorerie sont devenus indispensables. Paul Ryan, le grand ordonnateur de la convention de Cleveland, ne rate aucune occasion d'exprimer son dédain. Il est grand temps de « pivoter vers un style plus présidentiel », adjurent les seuls conseillers véritablement écoutés par Mogul : ses propres enfants et son gendre, Jared Kushner.

À 35 ans, héritier lui aussi d'un empire immobilier, diplômé de Harvard, le mari d'Ivanka, la fille aînée dont nul ne conteste l'intelligence et l'autorité, s'est imposé progressivement comme le véritable organisateur de la campagne. Une fois encore, au pays de *24 Heures*, de *Veep* et de *House of Cards*, la réalité l'emporte sur la fiction télévisée. Alors que sa famille finance depuis longtemps le parti démocrate dans le New Jersey, voilà Kushner collaborant avec Chris Christie, le gouverneur républicain devenu proche de Donald Trump, celui-là même qui, procureur à l'époque, avait envoyé son père en prison en 2005 pour malversations. Le gendre supervise la mise en place d'un système de levées de fonds sur Internet et corrige les quelques discours sensibles que le candidat accepte de lire sur prompteur, notamment ceux qui concernent Israël. Juif orthodoxe, petit-fils de rescapés de la Shoah, c'est à lui que revient la tâche de laver son beau-père des accusations d'antisémitisme alors que certains soutiens du milliardaire, défenseurs de la pureté raciale, répandent leur propagande sur les réseaux sociaux. Début juillet, on découvre sur Twitter un message brocardant Hillary Clinton, le visage encadré de billets de cent dollars et d'une

étoile à six branches ressemblant fort à celle de David.
« Pas du tout ! répond The Donald, c'est un insigne de
shérif ! » Le message sera supprimé, il le regrettera.
Le « pivot » souhaité reste relatif.

Lewandowski est limogé et l'équipe renforcée par
des vétérans des campagnes républicaines. Débarrassé
d'un rival encombrant, Paul Manafort, le seul professionnel respecté par la machine du parti, prend la
main. Les fils Trump, Donald Jr et Eric, personnalisent
à leur tour les demandes de financement bombardées
sur Internet. Les fonds rentrent. Puisque les ténors
républicains continuent de se tenir à distance, il faut
éviter que Mogul paraisse isolé. La famille se met en
avant – des jeunes gens beaux, policés et tellement
dévoués à leur père que ce dernier, sûrement, vaut
mieux que sa caricature d'imprécateur. La convention de Cleveland approche, il est temps d'humaniser
Donald Trump.

« Il n'y a jamais eu un homme ou une femme mieux
qualifié pour la fonction présidentielle ! » Dans le
camp démocrate, les troupes sont à la manœuvre et
Barack Obama en a pris la tête. Lors du premier de
ses meetings aux côtés d'Hillary Clinton en Caroline
du Nord, Potus rode les formules qu'il martèlera avec
flamme jusqu'à l'élection de novembre. La ligne de
conduite suivie par la candidate tout au long des primaires porte enfin ses fruits : d'une loyauté sans failles
à l'égard du président, elle s'est rarement démarquée
de la politique menée par la Maison-Blanche, au risque
d'apparaître terne et répétitive, sans message offensif.
Si l'affaire de ses courriers électroniques ne risque plus

de lui attirer des poursuites judiciaires, le coût politique continue d'assombrir sa campagne. Les sondages sont mauvais : 67 % des électeurs considèrent qu'elle ne mérite pas leur confiance, selon CBS News, et elle a perdu l'essentiel de son avance sur Donald Trump. L'entrée en lice de l'ancien rival de 2008 intervient à point nommé.

La popularité du président sortant, notamment auprès des Afro-Américains, a permis à Hillary de remporter 77 % de leurs suffrages et d'évincer son concurrent démocrate. Bernie Sanders est rentré dans le rang. Plus d'un mois après la victoire effective de sa rivale, il est enfin apparu à ses côtés dans le New Hampshire : « Je soutiens Hillary Clinton. Elle sera la candidate démocrate pour la présidence et j'ai l'intention de faire tout mon possible pour garantir qu'elle soit la prochaine présidente des États-Unis. » « Merci Bernie pour ton soutien. Merci pour ta vie passée à combattre l'injustice. Je suis fière de combattre à tes côtés ! » On ne saurait faire plus civil.

Le sénateur du Vermont et son épouse ont beau ruminer leur déception, murmurent leurs proches, la plate-forme ébauchée pour la convention de Philadelphie par 187 délégués des deux camps, qui y ont passé plusieurs jours, confirme bien l'inflexion à gauche du programme démocrate : augmentation du salaire minimum, introduction d'une taxe carbone, interdiction de la fracturation hydraulique pour l'exploitation des bitumineux. Mais le clan centriste a tenu bon sur la politique commerciale et fiscale.

Donald Trump réagit sans tarder sur Twitter : « Bernie apportant son soutien à Hillary l'escroc, c'est comme Occupy Wall Street soutenant Goldman Sachs ! »

La candidate démocrate, en verve depuis qu'elle a décidé d'attaquer frontalement l'adversaire, rétorque : « Donald Trump utilise beaucoup d'adjectifs pour éviter d'entrer dans les détails de son programme. Ses propositions ne feront qu'augmenter les déficits et profiter aux plus riches... Mais comme dit le dicton, vous pouvez mettre du rouge à lèvres à un cochon, ça reste un cochon ! »

Le soutien affiché par un Barack Obama qui retrouve sur les estrades l'éloquence et la grâce de ses propres campagnes, loin d'éclipser cette fois une candidate au style plus convenu, lui insuffle l'élan qui lui manquait au cours des primaires. Les équipes se sont étoffées, plusieurs vétérans du clan Obama lui apportent leur expérience de terrain et une énorme base de données, accumulées lors des campagnes de 2008 et de 2012.

Si le président sortant paraît si déterminé à apporter à Hillary Clinton, jusqu'aux derniers jours de la campagne, plus d'appui qu'aucun de ses prédécesseurs n'a jamais accordé au champion de son camp auparavant, c'est parce qu'à ses yeux, face à Donald Trump, elle n'est pas seulement la meilleure des deux candidats en lice. Elle est aussi le meilleur, le seul visage possible de l'Amérique.

« Ce qui le met en rage dans cette campagne, confie David Axelrod, ami d'Obama et artisan de ses premières victoires, c'est l'invocation de la race et de l'ethnicité en politique. Tout le message d'Obama consiste à célébrer l'Amérique en mutation et l'atout que représente notre diversité. Quand Trump parle de rendre sa grandeur à l'Amérique, c'est comme remonter le temps et reléguer les minorités à l'arrière de l'autobus... »

En un an, après tant de harangues stigmatisant ceux qui ne leur ressemblent pas, tant de justifications enflammées de cette colère blanche qui galvanise les partisans de Donald Trump, la parole s'est libérée. Et le verbe, en Amérique, porte l'arme au poing.

À la veille des deux conventions qui doivent consacrer les candidats républicain et démocrate, la question raciale ensanglante à nouveau le pays.

Le 5 juillet 2016, à Bâton-Rouge, en Louisiane, Alton Sterling, un Afro-Américain de 37 ans, vendeur de CD à la sauvette, est abattu par les forces de l'ordre.

Le lendemain, à Falcon Heights, un faubourg de Saint Paul dans le Minnesota, un autre Noir, Philando Castile, est tué par des policiers dans sa voiture, à un feu rouge, sous les yeux de sa petite fille et de sa compagne. Celle-ci filme la scène avec son téléphone portable et la diffuse en direct sur Facebook, cris d'effroi et commentaires à l'appui.

Le 8 juillet à Dallas, Texas, au croisement de Lamar et Main Street, à deux pas de l'endroit où fut assassiné John F. Kennedy, ce sont cinq policiers qui sont froidement abattus, et sept autres blessés. Micah Johnson, un réserviste de l'armée américaine de 25 ans, noir, ancien d'Afghanistan, voulait tuer des Blancs en uniforme. Il avait théorisé sur un carnet sa tactique de combat : *Shoot and Move*, Tirer, bouger, recommencer. Il a fallu un robot-tueur pour en venir à bout.

Le 17 juillet à Bâton-Rouge, entre une station-service et un salon de beauté en bordure d'autoroute, trois officiers de police sont assassinés, trois autres blessés. Comme à Dallas, l'embuscade était planifiée et parfaitement exécutée. Le tireur, un Noir de 29 ans, est un ancien Marine qui a passé cinq ans dans l'armée, notamment en Irak. L'identité des deux agresseurs souligne l'acuité d'un autre phénomène – le retour au pays de quelque cinq millions d'anciens combattants, des hommes et des femmes issus essentiellement des milieux les moins favorisés qui ont fourni à l'armée américaine le gros de ses troupes durant les longues guerres d'Irak et d'Afghanistan. Pour beaucoup, physiquement ou psychologiquement mal en point, la réadaptation à la vie civile se fait douloureusement.

« Le sang doit couler ! » clamait le tueur de Bâton-Rouge, faisant sur YouTube l'éloge de celui de Dallas. Les deux hommes s'étaient radicalisés à leur façon, proches de groupes radicaux noirs, séparatistes, ouvertement racistes et antisémites, tels le New Black Panther Party et l'African American Defense League, qui encourage la violence antipolicière.

Le Southern Poverty Law Center, basé à Montgomery, dans l'Alabama, comptabilise quelque cent quatre-vingts groupuscules militant pour le séparatisme noir – leur nombre a doublé en un an. « Il suffit d'une seule personne pour créer une organisation. Avec un compte Facebook et un fil Twitter, on peut faire énormément de bruit », tempère Pap Ndiaye, professeur à Sciences Po, l'un des meilleurs experts français de l'histoire sociale américaine.

Soutenu par les deux tiers de la communauté afro-américaine, le principal mouvement de revendication se nomme Black Lives Matter « La vie des Noirs compte ». Il a surgi en 2013 pour protester contre l'acquittement d'un vigile blanc de Floride qui avait tué Trayvon Martin, un Noir de 17 ans, sans arme. Depuis l'assassinat de Michael Brown à Ferguson, dans des circonstances semblables, en août 2014, le mouvement a pris de l'ampleur, organisant des manifestations, aidant les familles des victimes à se pourvoir en justice. Il a dénoncé, avec d'autres ONG, le scandale de l'eau contaminée distribuée dans les quartiers pauvres et noirs de Flint, dans le Michigan. Au cours de la campagne des primaires, Black Lives Matter a interpellé régulièrement les candidats, interrompant les meetings, forçant l'entrée des réunions de donateurs et provoquant quelques rencontres musclées avec Hillary Clinton comme avec Bernie Sanders.

Les éditorialistes conservateurs voient dans le mouvement une remise en cause de l'ordre social et accusent les intellectuels qui le soutiennent d'opportunisme idéologique. Ainsi Christopher Caldwell incrimine Ta-Nehisi Coates, correspondant du magazine *The Atlantic* applaudi pour son livre *Between the World and Me*[1] : « Coates ose écrire qu'en Amérique, la destruction physique du corps d'un Noir fait partie de la tradition ; c'est l'héritage. Que cette destruction se poursuive avec le premier président noir, dans des villes dirigées par des Noirs reste un mystère. À Dallas, le chef de la police est noir. À Bâton-Rouge, le maire est noir, comme à Baltimore, la ville natale de Coates. Beaucoup de policiers sont noirs... » Michael Eric Dyson, professeur de sociologie à Georgetown University, l'un des intellectuels noirs les plus réputés du moment, réplique en écho dans le *New York*

---

1. *Une colère noire*, Éditions Autrement, 2015.

Times : « Jour après jour, nous nous sentons impuissants à montrer que nos vies noires ont de l'importance, impuissants à vous faire comprendre qu'elles devraient en avoir. Nous nous sentons impuissants à vous empêcher de tuer des Noirs devant leurs proches. Nous nous sentons impuissants à vous empêcher d'instiller de la rage dans nos muscles avec votre haine blanche. Mais nous avons la haine aussi ! »

Au lendemain des massacres de policiers, Black Lives Matter est accusé d'attiser les violences contre la police et les Blancs. « C'est un mouvement raciste et antiaméricain ! » assène Rudolph Giuliani, l'ancien maire républicain de New York, à la télévision. « Un amalgame grossier et honteux : Black Lives Matter appelle à des manifestations pacifiques ! » souligne Pap Ndiaye, qui y voit « une nouvelle étape dans la marche séculaire des Noirs américains pour l'égalité des droits ». Il n'empêche : sur les réseaux sociaux, au hashtag #blacklivesmatter répond désormais #bluelivesmatter – la vie des gens en bleu, l'uniforme de la police, compte également.

Les Afro-Américains représentent quelque 13 % de la population des États-Unis. La législation sur les droits civiques adoptée dans les années 1960 a été complétée en 1996 par la Cour suprême qui interdit toute ségrégation dans les lieux de travail, d'habitation, de transport et d'éducation. Selon Thomas Snégaroff et Alexandre Andorra[1], en dépit de ces avancées et d'une perception apaisée du principe d'égalité, « les

1. *Géopolitique des États-Unis, op. cit.*

Afro-Américains ont trois fois plus de chances que les Blancs non-hispaniques de vivre dans la pauvreté ; six fois plus de chances d'être incarcérés ; deux fois moins de chances d'être diplômés du supérieur. Le patrimoine moyen des ménages blancs est treize fois plus élevé que celui des ménages noirs. C'est aussi au sein de la communauté noire que se trouvent les plus grandes inégalités de revenus : 20 % des Noirs les plus riches accaparent plus de la moitié des revenus de la communauté noire. » Ajoutons que ce sont les Noirs qui constituent le plus fort contingent de la population carcérale : 41 %, selon la Brookings Institution, alors que les procédures pénales prévues dans les années 1980 pour lutter, sans résultat, contre le trafic de drogue continuent de gonfler le nombre de prisonniers. Plus de deux millions de personnes sont incarcérées aux États-Unis – le quart de la population carcérale mondiale.

Les chiffres comparant les taux de criminalité d'une communauté à l'autre et analysant, en particulier, les débordements policiers, attisent depuis toujours la polémique. Les Noirs se tuent davantage entre eux – les Blancs aussi – en fonction de conditions socio-économiques particulièrement défavorables, aggravées par le fléau des stupéfiants en tout genre. Une étude récente affirme qu'un jeune Noir court neuf fois plus de risques qu'un jeune Blanc d'être abattu – selon le *Guardian*, cent quarante-huit Noirs américains ont été tués par des policiers depuis le début de l'année 2016. À l'inverse, dans une publication qui a fait grand bruit, un jeune économiste noir de l'Université Harvard, Roland Fryer Jr, affirme que les statistiques ne prouvent pas que la police tue plus de Noirs que de Blancs ou d'Hispaniques – en revanche les Afro-Américains sont davantage en butte à des traitements brutaux dans la vie quotidienne. « Les policiers pris individuellement ne sont pas racistes, explique Pap Ndiaye[1]. C'est l'institution qui l'est, en fonction des modes de recrutement, des ordres donnés aux policiers en patrouille, des sociabilités professionnelles qui tolèrent les insultes raciales. »

La banalité de l'arme à feu, la liberté pour chacun, au Texas par exemple, de la porter ouvertement, complique la tâche des forces de l'ordre : comment faire la part entre une menace réelle et un geste anodin ? À Dallas en juillet, au milieu de la manifestation en hommage aux policiers assassinés, une trentaine de personnes portaient en bandoulière leur fusil d'assaut AR-15, ajoutant encore à la tension dans la ville avant la cérémonie œcuménique à laquelle assistaient Barack et Michelle Obama, main dans la main avec George W. et Laura Bush.

L'élection d'un premier président noir n'a pas cautérisé les plaies de la société américaine, et les deux mandats de Barack Obama n'ont pas atténué les fléaux qui frappent particulièrement les Afro-Américains. Auteur d'un ouvrage remarqué sur la présidence Obama[2] Michael Eric Dyson dénonce comme une utopie cette Amérique post-raciale que semblait augurer l'élection de 2008 : « Arrêtons l'irrationnel. Il n'y a pas de baguette

---

1. *Libération*, 21 juillet 2016.
2. *The Black Presidency : Barack Obama and the Politics of Race in America*, Houghton Miffin Harcourt, 2016.

magique. Au contraire, sa présidence a mis le racisme à nu. Nous avons découvert à quel point nous avons peu progressé. »

En Amérique aussi, l'Histoire charrie l'irréconciliable. Après quatre ans de guerre civile pour défendre l'esclavage, la Confédération des États du Sud a été vaincue en 1865. Cent cinquante ans plus tard, au cours de l'été 2015, la question du drapeau a enflammé les esprits nostalgiques de la suprématie blanche. Ils sont encore nombreux à parader au sein de milices armées et d'une myriade d'organisations, à commencer par le Ku Klux Klan. En Alabama, dans le Mississipi, en Caroline du Sud, l'emblème confédéral et sa croix étoilée ont flotté haut devant les Parlements locaux, ornant souvent les pelouses et les plaques d'immatriculation des particuliers. Il a fallu le massacre de neuf paroissiens noirs, en juin 2015, dans une église de Charleston, pour convaincre les autorités locales qu'il était temps d'abandonner ce symbole. Le tueur, un Blanc de 21 ans, qui aimait poser avec le drapeau et des insignes néo-nazis, espérait déclencher une guerre raciale. L'oraison funèbre des victimes, prononcée sur les lieux par le président Obama, et son interprétation de *Amazing Grace*, l'un des cantiques les plus populaires dans le pays, ont provoqué l'émotion des plus endurcis. La jeune gouverneure de Caroline du Sud, Nikki Haley, étoile montante du parti républicain, elle-même d'origine indienne, réussit à faire du combat contre l'emblème confédéré un tremplin politique. Pendant la campagne des primaires, n'hésitant pas à critiquer ouvertement Donald Trump, elle a dénoncé un discours dont elle avait pu, selon ses propres termes, vérifier dramatiquement les effets dans une église de Charleston.

Dans la chaleur et la colère de l'été électoral, l'escalade de la violence raciale prend le pays à la gorge. « Une nation divisée, unie dans le deuil », titre le quotidien conservateur le *Wall Street Journal*. « GUERRE CIVILE », proclame en majuscules le *New York Post*. « Gare aux mythes préfabriqués de la violence raciale », adjure le *New York Times*. Les célébrités s'en mêlent – Serena Williams, de retour de Wimbledon, mais aussi Snoop Dogg, Jay Z, Beyoncé, la chanteuse favorite de Michelle Obama. Des manifestations ont lieu un peu partout, dénonçant tantôt les violences des forces de l'ordre, tantôt les atteintes à la cohésion sociale. Tant de drames et d'angoisse vont-ils encore une fois bénéficier au candidat républicain, qui a fait du déclin de l'Amérique le sombre refrain de sa campagne ?

Sans relâche, Donald Trump stigmatise sur Twitter « le manque de leadership » et proclame « le besoin de loi et d'ordre ». « Nous n'avons pas besoin de rhétoriques enflammées, rétorque sans le nommer le président. Nous n'avons pas besoin d'accusations imprudentes lancées pour marquer des points politiquement. Nous devons contrôler nos paroles et ouvrir nos cœurs. »

« Nous ne voulons pas seulement nous unir dans le malheur ou dans la peur, déclare à Dallas l'ancien président George W. Bush, brocardant ouvertement le candidat républicain qui a battu son frère. Nous voulons être unis dans l'espoir, l'affection et l'ambition collective. »

Barack Obama s'efforce de calmer la communauté à laquelle le rattache sa couleur de peau, sans s'exposer au reproche de « racisme inversé » que lui ont constamment adressé les ultra-conservateurs. Au président d'affirmer et d'incarner la primauté de l'ordre social. L'exercice est délicat. « Les conséquences de l'esclavage et la discrimination n'ont pas disparu d'un seul coup après l'adoption de la loi sur les droits civiques ou après l'élection de Barack Obama », reconnaît-il lui-même. Mais il ajoute : « En tant que nation, nous devons dire haut et fort que rien ne justifie des attaques contre les forces de l'ordre, elles sont des attaques contre nous tous. »

« Les Blancs doivent comprendre ce que peuvent ressentir les Afro-Américains dans leur vie de tous les jours, avance de son côté Hillary Clinton. Je pleure les policiers abattus en accomplissant leur devoir sacré, je prie pour leurs familles. Nous devons faire davantage pour nous écouter les uns les autres, nous respecter les uns les autres… »

Il y a fort à faire. À en croire le Pew Research Center, les Blancs sont moins nombreux aujourd'hui à considérer que les relations raciales sont satisfaisantes : 47 % contre 68 % au lendemain de l'élection de Barack Obama. Les Afro-Américains ne sont plus que 34 % à le penser, contre 59 % à l'époque.

En juillet 2016, quelques jours après avoir célébré le deux cent quarantième anniversaire de leur République, les Américains doivent se rendre à l'évidence : les fractures raciales et idéologiques nourrissent plus que jamais la hargne du camp conservateur et les désillusions du camp progressiste. D'autres événements tragiques ont parfois permis à ceux qui détenaient le pouvoir ou qui y prétendaient d'unifier le pays – Bill Clinton après les émeutes de Los Angeles en 1992, Barack Obama en 2009, en pleine crise financière, ou encore, un moment, George W. Bush au lendemain du 11 Septembre. Cette fois, pour des raisons différentes, ni Hillary Clinton ni Donald Trump ne semblent capables d'y parvenir. Il leur reste une chance. Le temps est venu de battre le rappel des conventions – ils ont quatre jours pour galvaniser leur camp et, au-delà, convaincre le pays que l'un ou l'autre mérite de l'incarner.

10

« On veut Trump ! »

Faute de familles princières, l'Amérique adore les dynasties. La fortune en dollars tient lieu de quartiers de noblesse. Encore faut-il avoir le physique de l'emploi et l'appétit nécessaire pour affronter l'impitoyable broyeuse des médias et des réseaux sociaux.

À Cleveland, en cette fin du mois de juillet 2016, la convention républicaine doit comme à l'accoutumée consacrer son candidat, qui cette fois n'est pas celui que le GOP attendait. Plutôt qu'un homme, c'est une nouvelle dynastie qui sera célébrée – la *House of Trump*, la famille recomposée du milliardaire new-yorkais, ses enfants qui, tour à tour, occuperont la scène, poursuivis comme des stars par leurs nouveaux admirateurs, mieux applaudis que les personnalités d'un parti politique qui, en quelques jours, va mettre en scène sa propre capitulation.

D'ordinaire, tous les quatre ans, le champion choisi pour mener son camp à la victoire présidentielle, mais aussi aux batailles locales indispensables pour dominer le Congrès, utilise ce temps suspendu de la vie politique nationale en respectant un agenda codifié. Afin de maximiser l'exposition médiatique, l'ordonnancement des discours répond aux exigences du *prime time* des grandes chaînes de télévision ; les orateurs les plus importants s'expriment en milieu de soirée, les autres chauffent la salle tout en illustrant la variété des soutiens dont dispose le candidat. Ce dernier doit atteindre trois objectifs : mobiliser ses troupes, convaincre les incrédules et unifier tous les courants qui ont animé dans le tumulte la campagne des primaires. Le dernier soir, son discours, assurément le plus important de sa vie, doit à la fois rassurer et émouvoir, révéler les influences bénéfiques qui l'ont mené si haut, sa mère sûrement, son père, sa foi, sa femme, reconnaître ses erreurs, réaffirmer les dogmes du parti et éclairer l'avenir de l'Amérique à la lueur de cet inébranlable optimisme qui en reste le ressort sacré.

Mogul n'a cure de la partition. La convention, il la veut à sa main. Son Amérique est celle de la colère, de la peur, de la méfiance, du repli. Tout va mal, la criminalité urbaine, l'immigration sauvage, le terrorisme mondial. Lui, lui seul, peut faire face et arranger les choses.

À l'aune des critères traditionnels, la convention de Cleveland sera un désastre. Le parti républicain en sortira bouleversé. Pour celui qui en prend le contrôle, le but sera atteint.

Quelle corvée ! Avant Cleveland, Donald Trump doit choisir un vice-président. Il hésite jusqu'au dernier moment. Par tempérament il préférerait une grande gueule, un amateur de coups bas qui pourrait contribuer à l'offensive à mener contre le couple Clinton, « Hillary l'escroc et Bill l'obsédé sexuel » – Chris Christie, par exemple, le gouverneur du New Jersey, ou son copain

Newt Gingrich, un ancien président de la Chambre des représentants, candidat malheureux à l'investiture républicaine en 2012. Il ne veut pas d'un colistier qui prendrait la lumière, l'un des espoirs de la jeune génération républicaine révélée lors des élections de mi-mandat, telle Nikki Haley, gouverneure de Caroline du Sud, ou Susana Martinez, gouverneure du Nouveau-Mexique – deux femmes, dont une Hispanique, qui auraient pu combler son déficit dans ces segments de l'électorat.

Ses enfants et Paul Manafort convainquent The Donald d'opter pour un profil plus conservateur, à même de rassurer les grands donateurs comme les électeurs désarçonnés par ses positions ambiguës sur les questions de mœurs. Va pour Mike Pence, 57 ans, le gouverneur de l'Indiana, qui se présente lui-même comme « un chrétien, un conservateur et un républicain, dans cet ordre ».

Ancien avocat, animateur dans une radio conservatrice, six fois député, soutenu par le Tea Party et l'Église évangélique, adoré des frères Koch, pourfendeur acharné de l'avortement et de l'homosexualité, Mike Pence a la réputation d'être un chic type sans charisme. Il remplit toutes les cases qui complètent – et contredisent – le profil de Mogul. Ardent défenseur du libre-échange, il a voté pour Ted Cruz aux primaires de son État tout en chantant les louanges de Donald Trump. Quelques jours auparavant, il considérait la proposition de ce dernier d'interdire l'entrée du pays aux musulmans comme « insultante et anticonstitutionnelle ». Au Congrès, il a approuvé la guerre en Irak, comme Hillary Clinton. « Tout ça m'est égal ! » balaie d'un geste Donald Trump à la télévision.

Sans emphase, il annonce son choix sur Twitter. Dès leur première apparition côte à côte, les deux candidats aux sorts désormais liés n'ont visiblement aucun atome crochu. En guise de présentation, Mogul, comme à son habitude, parle de lui. Pendant vingt-six minutes, il se livre à une ébouriffante démonstration d'un style oratoire qui, selon l'éditorialiste conservateur David Brooks, s'apparente à la théorie du chaos : « Bon, l'une des raisons pour lesquelles j'ai choisi Mike Pence, j'ai regardé l'Indiana, j'ai gagné gros dans l'Indiana... Pence... J'avais raison sur l'Irak... Pence... Hillary Clinton est une menteuse malhonnête... J'ai eu raison sur le Brexit... Pence... Les publicités d'Hillary ne sont que des mensonges... On va ranimer l'industrie du charbon... Les chrétiens m'aiment... J'ai parlé à des sondeurs... Pence est beau garçon... Mon nouvel hôtel à Washington sera magnifique... Pence... »

La convention républicaine peut commencer.

L'ambiance est tendue. D'après le sondage publié la veille par le *Wall Street Journal*, Donald Trump ne recueille dans son propre camp que 58 % d'opinions favorables. Ils sont des dizaines de sénateurs, députés et gouverneurs à bouder Cleveland sous des prétextes divers – les uns pour pêcher à la mouche, d'autres pour tondre leur pelouse – ou même sans le moindre mot d'excuses, comme les anciens présidents Bush père et fils, les ex-candidats républicains Romney et McCain, et John Kasich, gouverneur de l'État qui accueille la convention. Les stars annoncées ne sont pas là : seuls une championne de golf, l'égérie d'une marque de lingerie et un acteur de série B viendront témoigner de leur admiration.

Il fait une chaleur écrasante. Cleveland, la capitale économique de l'Ohio, méchamment surnommée « une erreur sur le lac », a fait bon usage des cinquante millions de dollars alloués par le budget fédéral pour renforcer la sécurité : six kilomètres de barrières de deux mètres et demi de haut encerclent la Quicken Loans Arena, là où l'équipe locale, les Cleveland Cavaliers, vient de gagner le championnat de la National Basketball Association. Cinq mille cinq cents policiers, sans compter le FBI, la garde nationale et les renforts venus d'autres États sont mobilisés pour encadrer 2 472 délégués, 15 000 journalistes, et des dizaines de milliers de visiteurs. Plusieurs demandes de manifestation ont été déposées auprès des autorités – des pro-Trump et des anti-Trump, des motards d'extrême droite, des bonnes sœurs catholiques, des militants contre et pour les toilettes transgenres. Il n'y aura pas d'incidents. Toutes sortes d'objets ont été interdits, des masques à gaz jusqu'aux sacs de couchage et aux bouteilles de lait, mais les armes à feu, elles, sont admises : l'Ohio fait partie des États qui autorisent les détenteurs dûment enregistrés à porter ouvertement revolvers et fusils. Malgré la pression des activistes de la NRA, ils sont néanmoins prohibés à l'intérieur de la convention. Prêts à toute éventualité, certains médias ont envoyé leurs journalistes en stage d'entraînement à des scènes de guerre, et stocké des équipements de protection. En urgence, le parti républicain a dû faire appel à la générosité de Sheldon Adelson, le roi des casinos de Las Vegas : de Apple à Microsoft et Coca-Cola, de

JP Morgan Chase à Visa et UPS, plusieurs entreprises qui d'ordinaire financent la convention ont déclaré forfait, de peur de froisser des clientèles allergiques à Donald Trump : femmes, Hispaniques ou Noirs.

Sécurisée par les services secrets, la Quicken Loans Arena s'est transformée en une vaste kermesse. Cinquante mille spectateurs s'y pressent dans une musique assourdissante. Tandis que le matin les grands médias et les lobbies en tout genre organisent des rencontres à l'extérieur, les délégations s'y regroupent l'après-midi autour du piquet et du drapeau de leur État. Les tenues sont de circonstance. Les Texans, comme d'habitude, sont les plus spectaculaires avec leurs énormes Stetson et pour les dames, des bottillons aux couleurs étoilées. Les Californiens sont en canotier, la délégation de Virginie-Occidentale porte des casques de mineur, celle de Louisiane arbore les insignes du mardi gras, le Connecticut est en veston et rangs de perles, et un délégué du Tennessee porte une toque à la Davy Crockett. L'assistance est très majoritairement blanche, masculine et d'âge mur.

Le premier jour, les délégués hostiles au candidat, militants des mouvements NeverTrump et FreeTheDelegates, ont tenté un baroud d'honneur, réclamant bruyamment un comptage par délégation plutôt qu'une motion sans vote pour désigner le champion du GOP. Ils ont été rapidement mis en minorité, des émissaires du camp Trump en casquette jaune travaillant les délégations au corps pour s'assurer de leur constance.

Que le show commence ! L'ancien animateur de « The Apprentice » est un professionnel, un metteur en scène aguerri de son propre spectacle. En début de

soirée, sur la musique de « We Are the Champions »
de Queen, trente-deux millions de téléspectateurs
découvrent sa silhouette sur fond de brouillard bleuté.
Donald Trump présente sa femme Melania, splendide
en longue robe blanche. D'une voix posée, agrémen-
tée d'un léger accent slovène, la voilà qui énumère les
qualités de celui qui va mettre l'Amérique à l'abri de
tous les dangers, ce mari au grand cœur et à la détermination sans failles. Melania Trump raconte ensuite sa
propre histoire, méritante, celle d'une jeune immigrée,
confiante dans ses valeurs, soucieuse de les transmettre.
L'audience est sous le charme. À peine le discours terminé, c'est la catastrophe. Des journalistes avertis ont
reconnu les accents d'un autre discours, celui qu'avait
prononcé Michelle Obama huit ans plus tôt, à la convention démocrate de Denver. Les ordinateurs comparent
les textes, les écrans de télévision, coupés en deux,
diffusent en parallèle les deux allocutions, les réseaux
sociaux partent en vrille. Dévastateur.

Aussitôt Paul Manafort tente l'offensive. « Imaginer qu'elle ait copié les mots de Michelle Obama est
insensé ! » affirme, outré, le directeur de campagne qui
accuse Hillary de complot : « Dès qu'elle se sent menacée par une femme, la première chose qu'elle entreprend
est de tenter de la détruire ! » « Bien essayé, mais c'est
faux ! » réplique sur Twitter la directrice de communication démocrate. Le lendemain, sur le site de la campagne
Trump, une certaine Meredith McIver, une ancienne
danseuse de ballet qui a « collaboré » à quelques-uns
des livres du promoteur immobilier, annonce sa démission. Les deux écrivains expérimentés, des anciens de
l'équipe Bush, auxquels Jared Kushner, le gendre, avait

237

fait appel pour préparer le discours de Melania, avaient été congédiés par elle, qui leur avait préféré quelqu'un de familier. Personne, apparemment, n'avait pris la précaution de relire le texte.

On ne verra plus Mme Trump pendant trois jours, jusqu'au discours de clôture de Mogul qui, sur Twitter, se félicite du fait qu'au-delà du scandale, le discours de sa femme ait eu un tel retentissement. Corey Lewandowski réclame publiquement la démission de Paul Manafort. Limogé de ses fonctions au profit de ce dernier quelques semaines plus tôt, l'ancien équipier de Mogul avait été aussitôt embauché par CNN pour commenter à la télévision la suite de la campagne. Donald Trump Junior dénonce cette médiocre vengeance. À lui, le fils aîné de 38 ans, de relever le flambeau familial. Évoquant son père « qui se bat pour sauver la classe moyenne, cet homme pour qui rien n'est impossible et qui ne s'en remet pas à des spécialistes pour se forger une opinion », dénonçant les inégalités et cette aristocratie de l'argent à laquelle manifestement il appartient, Donald Jr fait un triomphe et annonce son ambition de se lancer à son tour en politique.

Le plagiat de Melania a failli éclipser l'essentiel : Donald Trump a modifié son positionnement politique. Plutôt que Ronald Reagan, auquel on l'a abusivement comparé et qu'il ne citera pas une seule fois à Cleveland, c'est bien de Richard Nixon dont il se réclame désormais – le Nixon de 1968, celui qui, à la convention de Miami Beach, avait promis la loi et l'ordre à une Amérique à feu et à sang après les assassinats de Martin Luther King et de Robert Kennedy, en pleine guerre du Vietnam, au plus fort des émeutes raciales. Lors d'un petit déjeuner organisé par Bloomberg, Paul Manafort, membre de l'équipe

Nixon à l'époque, le confirme sans détour : l'Amérique de 2016, choquée par les violences racistes de l'été, la menace terroriste qui, après Orlando, vient encore une fois de frapper dramatiquement en France, à Nice, l'Amérique a besoin d'un homme fort, capable de proclamer la loi et l'ordre dans un monde qui s'écroule. C'est le sens du discours de Rudolph Giuliani, l'ancien maire de New York, très applaudi dès l'ouverture de la convention. Les témoins appelés sur scène pour illustrer cette nouvelle priorité – *Make America safe again*, Rendre l'Amérique sûre à nouveau – sont des proches de victimes assassinées par des immigrés illégaux, des Noirs, des Américains musulmans ou encore des terroristes libyens à Benghazi, quand Hillary Clinton était secrétaire d'État.

Seul bémol à cette stratégie électorale : l'Amérique de Nixon était à 90 % blanche, alors qu'aujourd'hui 30 % des électeurs appartiennent aux minorités raciales. C'est aussi négliger les appels à l'unité nationale et à l'optimisme, lancés à l'époque par l'un des présidents les plus décriés de la mémoire politique américaine.

Ironie de l'histoire, le jour même de l'intronisation de Donald Trump, Roger Ailes, 76 ans, lui-même ancien collaborateur de Nixon, devenu un demi-siècle plus tard le patron de l'un des médias les plus puissants du pays, est démis de ses fonctions pour harcèlement sexuel. Celui qui fit de Fox News, propriété de Rupert Murdoch, l'organe de diffusion le plus efficace de l'idéologie conservatrice, conspuant les élites de la côte Est et bouleversant en profondeur la tradition médiatique américaine, quitte la scène en plein scandale – il négocie malgré tout un dédommagement de quarante millions de dollars. Malgré leur longue proximité, ses relations avec

Donald Trump n'ont pas été sans orages – il avait en particulier défendu sa journaliste vedette, Megan Kelley, qui avait eu maille à partir avec le candidat républicain au début de la campagne avant de conclure une trêve très médiatisée. Mais le parcours électoral hors normes de Mogul a permis à Fox News, pour la première fois, de prendre la tête des chaînes câblées, toutes catégories confondues, et de multiplier considérablement ses revenus publicitaires. Vieux routier des débats présidentiels – il y a préparé jadis Ronald Reagan comme George H. W. Bush –, Roger Ailes va conseiller The Donald pour le reste de la campagne et pour les trois duels télévisés prévus face à Hillary Clinton. Un renfort de poids, même si le candidat républicain, par coquetterie, affirme n'avoir besoin de personne et que le scandale sexuel frappant le nouveau conseiller le fragilise.

À Cleveland, le tumulte ambiant est tel que les dirigeants officiels du parti républicain passent pratiquement inaperçus. Mitch O'Connell, le patron de la majorité au Sénat, est sifflé. Son homologue de la Chambre des représentants, Paul Ryan, l'hôte de la convention, dont on sait la méfiance à l'égard du candidat, parvient presque à en taire le nom. Contredisant ouvertement Trump, celui que les traditionalistes considèrent comme l'espoir du parti pour l'élection présidentielle de 2020, rappelle dans son discours quelques-unes des valeurs fondatrices du GOP : « En Amérique, ne sommes-nous pas supposés voir au-delà de la classe sociale, des groupes ethniques et de toutes ces divisions qui nous classent par catégories ? » L'accueil est tiède, les délégués ont la tête ailleurs.

Ted Cruz va les réveiller. À la différence de Marco Rubio, le jeune sénateur de Floride qui expédie son discours d'allégeance par vidéo, le Texan, longtemps le rival le plus menaçant du New-Yorkais, utilise la tribune pour exposer, une fois encore, ses idées sur l'Amérique. « Trump, Trump, Trump ! » s'impatientent les délégués qui n'attendent que sa reddition. Forçant la voix, Cruz reprend son monologue, interminable. Sous les huées, après avoir du bout des lèvres félicité le vainqueur, il conclut enfin : « Si vous aimez notre pays et vos enfants, alors dressez-vous, exprimez-vous ! Votez en fonction de votre conscience ! Votre conscience ! » Pas question pour lui de se rallier à « ce menteur pathologique, amoral et narcissique », selon les termes qu'il avait employés à l'issue de la primaire de l'Indiana. « Dégage ! On veut Trump ! On veut Trump ! » hurle la foule tandis que Heidi Cruz, son épouse, doit quitter les lieux sous protection policière. Elle avait été la cible d'insinuations déplaisantes quand l'équipe Trump, ripostant à un clip de la campagne Cruz exhibant des images très dénudées de Melania, avait publié d'elle des photos peu flatteuses. « Votez selon votre conscience, répétera le sénateur à la délégation texane venue le conforter en fin de soirée. Je ne soutiendrai pas un homme qui a insulté ma femme et qui a insulté mon père. Je ne le soutiendrai pas ! » Préparant son propre avenir politique, il lance derechef deux associations pour collecter des fonds.

Comment, dans un climat aussi chaotique, afficher l'unité de la famille républicaine ? Heureusement, il y a Hillary Clinton. D'un bout à l'autre de la convention, la plupart des orateurs vont agonir d'injures la candidate démocrate. Chris Christie, ancien procureur devenu gouverneur du New Jersey, enchante l'auditoire en le transformant en tribunal populaire pour juger « cette criminelle », blâmée au passage pour toutes sortes de catastrophes, même celles survenues après son départ du Département d'État : actes terroristes, Syrie, enlèvements de lycéennes au Nigeria… « *Lock her up ! Lock her up !* Coffrez-la ! Coffrez-la ! » scande l'assistance déchaînée alors que certains délégués se promènent en combinaison orange, la tenue des prisonniers de pénitencier, floquée au prénom de la candidate démocrate. Un représentant du New Hampshire, qui conseille le candidat sur le dossier des anciens combattants, affirme sur une radio que « Hillary Clinton mérite le peloton d'exécution et devrait être fusillée pour trahison ». « Menteuse ! Dissi-mulatrice ! Je vais vous dire la vérité : elle est marquée du sceau de Lucifer ! » vocifère sur scène Ben Carson, ancien candidat aux primaires, jadis un brillant neuro-chirurgien qui, pour avoir réussi le premier la séparation de deux siamois reliés par la tête, semble souvent perdre la sienne. Président de My Faith Votes, une association qui encourage les chrétiens à exercer leur devoir civique, Carson est l'un des rares orateurs à Cleveland à avoir convoqué Dieu et le Diable.

Contrairement à la tradition, la religion n'a pas impré-gné la convention républicaine de 2016. À l'image du candidat, les discours ont été délibérément séculiers, laissant peu de place à la rédemption et donc à l'espoir.

Cette fois, ce n'est pas le candidat à la vice-présidence qui introduit le héros de la convention. Mike Pence n'a pas fait forte impression – ironie d'un choix malencon-treux, la musique annonçant son entrée en scène était « *You Can't Always Get What You Want,* Tu n'obtiens pas toujours ce que tu veux » des Rolling Stones. Ivanka, la fille aînée de l'homme d'affaires, présente son père. Sa mission : améliorer l'image désastreuse qu'il s'est forgée auprès des femmes : « J'ai grandi dans son bureau… Je l'ai vu se démener pour toutes sortes de gens anonymes, victimes de malheurs ou d'injustices. Je vous demande de le juger sur résultats. Il est insensible à la couleur de la peau et au genre. Il embauche les meilleurs. Dans son groupe, il y a plus de femmes que d'hommes aux postes de responsabilité. » Ses propos enflamment une assistance qui ne jure plus que par les enfants Trump. « Comme beaucoup de gens de ma génération, je ne me considère pas catégoriquement comme une démocrate ou une républicaine », reprend Ivanka – la presse américaine a décrit à loisir l'amitié qui la lie à Chelsea Clinton, chargée d'introduire sa propre mère à la convention démocrate la semaine suivante. Seule à évoquer de telles préoccupations pendant les quatre jours de la convention républicaine, Ivanka parle protection des enfants, éducation, égalité salariale, congés de maternité… Déjà surnommée « la vraie première dame », elle ne perd pas non plus le sens des affaires : dès qu'elle quitte la scène, elle envoie par Twitter la photo de sa robe, confectionnée par sa propre société, et un lien vers le site des magasins Macy's – le modèle sera en rupture de stock dès le lendemain. Un délégué de l'Ohio parcourt les travées avec une pancarte : « Ivanka 2024. La première femme président ».

En attendant, place au père.

Sur fond de drapeaux américains flamboyants, dans un discours de plus d'une heure qu'il s'astreint à lire sur prompteur, Donald Trump s'en tient au noir tableau d'une Amérique chancelante, assaillie de périls intérieurs et extérieurs, menacée par une femme prête à la mener à l'abîme. Fidèle à l'argumentaire populiste qui l'a propulsé jusqu'à son adoubement par un parti prêt à renier ses propres principes, l'homme d'affaires réaffirme son soutien aux classes populaires, longtemps acquises au parti démocrate, et répète son hostilité à l'immigration, au libre-échange, aux guerres étrangères : « Je parle pour ceux qui travaillent dur alors que personne ne parle en leur nom. Je parle pour ceux qui sont victimes des élites et de leur système truqué ! Je suis votre voix ! » La foule scande : « Le mur ! Le mur ! On veut Trump ! On veut Trump ! » Sans mentionner l'interdiction de l'avortement, pourtant l'un des combats prioritaires de la majorité républicaine et du vice-président qu'il s'est choisi, Mogul insiste sur la protection des communautés LGBT après l'attaque d'Orlando – un exploit face à un public aussi conservateur, il tient à le souligner lui-même. Retournant à des thèmes plus familiers, il fustige les humiliations que le président Obama et son ancienne secrétaire d'État auraient fait subir au pays, promettant encore une fois de veiller à l'avenir aux intérêts de l'Amérique et d'elle seule. « L'américanisme sera notre credo pas le globalisme ! » L'ovation n'en finit pas de faire trembler les gradins.

Traditionnellement, avant la convention, une plateforme est présentée en guise de programme présidentiel – même si aucun candidat, une fois élu, n'en a jamais tenu compte. Fruit des compromis entre les délégués désignés par le parti et les émissaires du candidat, le texte concilie des positions extrêmes : le mur anti-immigration, mais sans mention de l'expulsion des 11 millions de clandestins ; la limitation du libre-échange ; l'interdiction de l'avortement, même en cas de viol ou de risque pour la santé de la femme, et la condamnation du mariage homosexuel malgré la législation fédérale ; pas de restriction supplémentaire à l'usage des armes à feu ; l'enseignement obligatoire de la Bible dans les écoles publiques ; le retour au charbon, « énergie propre »... Tel quel, l'agenda républicain est le plus réactionnaire observé depuis longtemps.

Une discussion troublante a porté sur un amendement lié au soutien à fournir à l'Ukraine, éventuellement sous forme de livraisons d'armes. En contradiction avec la plupart des spécialistes républicains de politique étrangère, les représentants du candidat ont manœuvré pour éviter toute promesse d'assistance accrue. Certains se sont alors souvenu que Paul Manafort, le directeur de la campagne Trump, avait pendant plus de dix ans défendu les intérêts de l'ancien président ukrainien Yanukovitch, le protégé du Kremlin chassé en 2014. Il continuerait de conseiller à Kiev le Parti des régions, opposé au président Porochenko et soutenu par Moscou. Flanqué d'un interprète qui serait un agent du FSB, le service de renseignement russe, il aurait touché en espèces plusieurs millions de dollars sans déclarer officiellement aux autorités américaines ses activités de lobbyiste.

En marge de la convention, Mogul a donné plusieurs interviews, ajoutant ainsi à la confusion des messages délivrés au sein de la convention elle-même. Revenant sur le problème des alliances qu'il estime déséquilibrées au détriment des États-Unis, il a ainsi annoncé son intention, s'il est élu, de sortir de l'Organisation mondiale du commerce. Il a aussi affirmé qu'il approuvait l'annexion de la Crimée par Moscou, et qu'en cas d'agression, il ne défendrait pas forcément les pays baltes, pourtant membres de l'OTAN. Des propos qui ont provoqué une onde de choc en Europe et sans doute satisfait Vladimir Poutine, dont il dit apprécier l'estime.

« Tant d'amour ! J'ai ressenti tant d'amour pendant cette convention ! Quand on parle d'unité, vraiment c'était énorme ! Le parti s'est rassemblé pour de bon ! » Mogul est ravi. Pendant que la Quicken Loans Arena est vidée de ses drapeaux et de ses ballons rouges, bleus et blancs, le candidat républicain à la présidence des États-Unis, sous le regard surpris de son colistier, continue de ressasser sa rancune : « Ted Cruz ? Je n'en veux pas, de son parrainage. En même temps, il est obligé. Mais je n'en veux pas. Qu'il reste chez lui. Relax, Ted, amuse-toi bien... » La convention démocrate commence la semaine suivante : « Je n'écouterai sûrement pas Hillary. Trop ennuyeux... »

11

« On est avec elle ! »

« Il est tard. Mais s'il y a encore des petites filles qui regardent la télévision à cette heure-ci, je leur dis simplement : je serai peut-être la première femme présidente des États-Unis, mais l'une d'entre vous sera la prochaine... »

À 11 heures du soir, ce 26 juillet 2016, Hillary Rodham Clinton s'exprime par vidéo depuis sa résidence de Chappaqua, dans l'État de New York. Follement acclamée, elle se prépare à rejoindre la convention du parti démocrate. Les votes des 50 États et territoires de l'Union ont été comptabilisés dans l'après-midi : HRC est officiellement devenue la première femme de l'histoire politique américaine à obtenir l'investiture d'un grand parti à l'élection présidentielle. Dans l'immense salle omnisport du Wells Fargo Center, il y a eu des pleurs et des cris, de la fierté, de l'allégresse, de la colère aussi. Malgré ses déchirures, la famille démocrate est transportée.

À Philadelphie, berceau de l'indépendance et de la Constitution de la République, la convention a commencé sous la menace d'un orage tropical. Il fait une chaleur écrasante. Les partisans de Bernie Sanders sont venus en masse, bien décidés à poursuivre « la révolution politique » dans laquelle le sénateur du Vermont a réussi à entraîner une nouvelle génération de militants. La plupart des délégués de *Bernie or Bust*, Bernie ou rien, n'ont jamais participé à une convention. Ils ne veulent pas entendre parler d'Hillary. Vent debout, ils dénoncent la trahison de la machine du parti, le Democratic National Committee (DNC), qui aurait outrageusement favorisé l'ancienne secrétaire d'État au détriment de leur héros. WikiLeaks vient de publier quelque vingt mille messages électroniques piratés à partir du serveur du DNC, prouvant à quel point sa présidente, Debbie Wasserman Schultz, depuis longtemps la bête noire de Bernie Sanders, lui était hostile. « On pourrait souligner le désordre de sa campagne... Quelques fuites dans les États religieux du Sud pour dire qu'il est juif, athée, une bonne idée ? » propose l'un de ses collaborateurs. « Pas la peine, il n'a aucune chance ! » répond l'élue de Floride. C'est le tollé. Quelques heures avant la convention qu'elle devait inaugurer du traditionnel coup de maillet, Debbie Wasserman Schultz démissionne.

Donald Trump applaudit sur Twitter : « Encore un scandale avec les mails ! Hillary l'escroc et le parti démocrate corrompu ! »

De son refuge à l'ambassade d'Équateur à Londres, Julian Assange se félicite du coup porté au bon moment contre celle qu'il considère comme une ennemie personnelle – « une dangereuse belliciste et une ennemie de la liberté de l'information », avait-il déclaré quelques semaines auparavant à la chaîne britannique ITV. Promettant d'autres révélations, il refuse évidemment de donner ses sources. Confirmant une information publiée en juin par *The Economist* et le *Washington Post*, le *New York Times* révèle que Cozy Bear (Ours en peluche), le surnom attribué à deux groupes de hackers russes, a bien pénétré le système informatique du DNC, piratant en particulier toute la documentation accumulée sur Donald Trump. À l'époque, le porte-parole du Kremlin avait nié toute implication. Cette fois, les agences officielles du renseignement américain assurent à la Maison-Blanche que Moscou est très vraisemblablement à la manœuvre – en particulier Guccifer 2.0, un personnage créé par le GRU, le renseignement militaire. Vladimir Poutine chercherait-il à favoriser l'élection de Donald Trump et à se venger d'Hillary Clinton, avec laquelle il entretenait des relations exécrables quand elle était aux Affaires étrangères ? « Tout est possible, répond Barack Obama sur NBC News. Régulièrement, les Russes essaient d'influencer les élections en Europe… » Jusqu'ici, Washington n'a jamais riposté aux cyberattaques russes, alors que des poursuites ont été engagées contre des hackers chinois, iraniens et nord-coréens.

En campagne en Floride, Donald Trump réagit sur Twitter et s'en prend violemment au *New York Times* : « Le journal de l'échec alimente la propagande démocrate ! Tout ça parce que Poutine a dit que Trump est un génie ! L'Amérique d'abord ! » Quelques heures plus tard, en conférence de presse, le candidat républicain, très irrité, fait allusion aux messages électroniques effacés du serveur personnel d'Hillary Clinton avant l'enquête du FBI : « Les Russes, si vous m'entendez, j'espère que vous allez les trouver, les 30 000 mails manquants ! Notre presse vous applaudira ! Non, je n'ai aucun business en Russie. Je pense simplement que Vladimir Poutine est un meilleur leader que Barack Obama ! » « Encourager Moscou à espionner l'Amérique ! Voilà qui dépasse l'entendement, réagit sur CNN Léon Panetta, ancien ministre de la Défense et ancien directeur de la CIA. Cet homme est véritablement inapte à la fonction présidentielle. »

The Donald, bien à sa façon, veut-il encore une fois monopoliser les médias au détriment de la convention de Philadelphie ? Deux jours plus tard, il prétendra qu'il souhaitait simplement faire de l'esprit. La polémique embarrasse le parti républicain. Elle vient aussi à point nommé détourner l'attention du scandale au sein même du parti démocrate.

Quoi qu'il lui en coûte, Bernie Sanders a choisi de calmer ses troupes. De conserve avec le camp Clinton, faisant montre d'une élégance et d'une loyauté parfaites, le sénateur du Vermont s'adresse dès le premier soir aux quelque 4 700 délégués qui se pressent à la convention. Tantôt acclamé, tantôt hué, il s'efforce de faire entendre raison à ses partisans, soulignant « les avancées historiques obtenues pour rénover le parti, pour mettre un terme au fossé scandaleux entre les très riches et les autres, pour écrire la plate-forme la plus progressiste de l'histoire du parti démocrate… Il faut soutenir Hillary Clinton, il faut devenir raisonnable, nous vivons dans le monde réel ! » lance-t-il avant de proposer, très ému, à la tête de la délégation du Vermont, d'arrêter le décompte des voix et d'unir le parti derrière sa candidate. « Sanders revient sur terre ! Pas trop tôt ! » entend-on du côté Clinton. Tous les Sandernistas ne sont visiblement pas prêts à voter pour elle, mais voilà des Millennials qui, grâce aux 43 % des voix rassemblées par Bernie, sont désormais concernés par la politique. Il faut les fidéliser. Donald Trump est un formidable repoussoir. Sur Twitter, le candidat républicain cherche à envenimer la plaie : « Triste de voir Bernie Sanders abandonner sa révolution. Nous accueillons tous les électeurs qui veulent changer un système truqué et rapatrier des emplois ! »

Au Ritz-Carlton, le plus bel hôtel de Philadelphie, les affaires vont bon train. Donateurs, lobbyistes, politiciens en campagne pour le Congrès ou des postes de gouverneurs – l'élite du parti démocrate et ses financiers sont réunis. George Soros n'est pas là mais il vient d'annoncer un don supplémentaire de 15 millions de dollars – il finance entre autres un fond dédié à encourager le vote latino. Tous jouent gros. En cas de victoire, selon le *spoil system* traditionnel, le système des dépouilles observé par les deux grands partis, les uns espèrent un poste dans l'administration, les autres une ambassade. Dans le Wells Fargo Center, la foule, bigarrée, s'agglutine. Les délégués représentent leurs États, mais aussi toutes les composantes ethniques, religieuses, professionnelles, sexuelles d'un parti qui, plus que son rival républicain, épouse les circonvolutions de la société américaine. La mutinerie Sanders est sous contrôle avec le concours énergique de l'autre icône de l'aile gauche, la sénatrice du Massachusetts Elizabeth Warren, mais le plus dur reste à faire.

Il s'agit de restaurer l'image d'Hillary Clinton, de combler le déficit de confiance qui continue de plomber sa candidature, d'humaniser cette femme dont personne ne nie l'intellect, la force de travail, mais que beaucoup affirment ne pas aimer et ne pas vraiment connaître.

« Hillary ? Je l'ai reçue plusieurs fois, affirme Jon Stewart, animateur satirique à la télévision, l'un des observateurs les plus subtils et cruels de la scène américaine. Je ne suis pas sûr de savoir qui elle est ! Factice, trop fabriquée, trop de temps passé aux répétitions... » Trop exposée depuis longtemps, rétorquent ses proches qui témoignent de sa chaleur et de sa fidélité en amitié, trop réservée par tempérament et par éducation « pour afficher ses émotions à la boutonnière », selon l'expression de Lissa Muscatine, son ancienne directrice de communication. « Elle a du mal à dire "je" plutôt que "nous", ajoute son amie Melanne Verveer. Elle n'a pas passé sa vie à se vendre, mais à agir. Parler d'elle-même est un apprentissage ! » Tout l'inverse d'un Donald Trump.

Sans jamais nommer l'adversaire républicain, remarquable d'émotion et d'éloquence, Michelle Obama enflamme la convention démocrate. Contrairement au choix d'Hillary vingt ans plus tôt, l'ancienne avocate, lauréate de Princeton et de Harvard, s'est cantonnée à la Maison-Blanche à un rôle traditionnel. À force d'entendre Flotus – le nom de code de la première dame – vanter le potager qu'elle a planté et dénoncer avec raison l'obésité enfantine, on l'avait presque oublié : quel talent ! « Quand Hillary a perdu face à Barack il y a huit ans, elle ne s'est pas crispée dans la colère ou l'amertume. Elle a voulu continuer à servir le pays... Il n'y a qu'une personne à qui nous pouvons faire confiance aujourd'hui, la seule à être digne de la fonction présidentielle, c'est notre amie Hillary... Je le dis à mes filles, élevées dans cette maison construite par des esclaves : le langage de haine qu'on entend dans la bouche de certains n'est pas celui du pays. Quand eux se rabaissent, nous nous élevons. Ne laissez personne affirmer que notre pays a perdu de sa grandeur ! » Debout, transportés, agitant des pancartes qui portent son prénom, les délégués se prennent à rêver : et si comme Hillary, la première dame se lançait à son tour dans l'arène une fois terminé le second mandat de Barack ?

La politique peut être aussi une affaire de couple.

« Au printemps de 1971, j'ai rencontré une fille… Depuis nous n'avons pas arrêté de parler, de marcher, de rire et de pleurer ensemble… » Vingt-quatre ans après sa propre intronisation par le parti démocrate, dans ce qui sera sans doute le dernier grand discours de sa carrière politique et le plus délicat, Bill Clinton entreprend un portrait intime de son épouse. Avec humour, sans miè-vrerie excessive, cet orateur hors pair raconte le parcours personnel d'une femme qui, souligne-t-il comme une allusion à leurs propres orages conjugaux, « ne vous lâchera jamais – elle n'a jamais lâché personne ». Il multiplie les anecdotes sur « la véritable Hillary, pas la caricature qui en est faite sans arrêt… Elle est d'une curiosité insatiable, d'une autorité naturelle, c'est une bonne organisatrice et un formidable champion du chan-gement… Heureusement pour nous tous, vous avez choisi la vraie Hillary ! ».

Longue ovation. Dans l'une des loges réservées aux proches, Chelsea, aux côtés de son mari, reste longtemps debout, émue aux larmes.

De retour sur la scène publique, Bill Clinton, éternel enfant prodigue de la politique américaine, représente pour la candidate un atout considérable et une source de préoccupations sans fin. « Si Hillary est élue, les règles de comportement devront être clairement définies de part et d'autre, explique David Gergen, qui a conseillé plusieurs présidents. Bill Clinton se préoccupe sûrement du réexamen de ses propres mandats, et il sera tenté de les réécrire partiellement en influençant Hillary. Elle serait la première présidente à devoir protéger deux bilans à la fois... »

Quel rôle pourrait donc jouer celui qui dispose d'un entregent incomparable sur le plan national comme sur la scène internationale ? Représentant spécial de la Maison-Blanche sur des dossiers clés – réchauffement climatique, Proche-Orient ? Entremetteur discret dans les tractations avec l'opposition au Congrès ? Pendant les primaires, Hillary avait évoqué l'idée de lui confier la relance de l'économie, en particulier dans les régions désindustrialisées de la Rust Belt, là où il lui faut regagner les voix des classes laborieuses tentées par le discours républicain. La présidence de Bill n'est-elle pas auréolée du souvenir d'une prospérité inégalée depuis ? Le projet n'a pas fait l'unanimité au sein de la garde rapprochée qui, pour en avoir subi les inconvénients, se méfie de son tempérament. Selon son biographe David Maraniss[1], « il aime qu'on ait besoin de lui autant qu'il a besoin d'être aimé ! ». Sur ce plan-là, le personnage offre une cible facile à l'adversaire républicain.

Jamais à court de vulgarité, The Donald a promis d'attaquer en dessous de la ceinture : « Comment voulez-vous qu'Hillary puisse satisfaire l'Amérique ! Elle n'a

---

1. *First in His Class*, Simon & Schuster, 1995 ; *The Clinton Enigma*, Simon & Schuster, 1998.

même pas été capable de satisfaire son mari ! » avait-il lancé au début de la saison électorale. Accusé à son tour, preuves à l'appui, d'avoir mené une vie personnelle tumultueuse et de se comporter en indécrottable machiste, Donald Trump avait caressé l'idée de faire venir à la convention de Cleveland deux femmes se disant victimes de harcèlement sexuel, sinon de viol, de la part de Bill Clinton. Sa fille l'en a dissuadé. Côté Clinton, la réputation prédatrice de Bill s'est assagie. Kenneth Starr, l'ancien procureur féroce de l'affaire Lewinsky, aujourd'hui président d'un collège baptiste au Texas, regrette publiquement « cette période déplaisante qui obscurcit le bilan d'un homme politique remarquable ». De son côté, Monica a annoncé son intention de voter Hillary, et témoigne de son difficile travail sur elle-même dans les prestigieuses conférences TED.

Autre angle d'attaque pour Donald Trump : la fondation Clinton, dont il a promis de dévoiler la face cachée. En mai 2015, un consultant républicain avait affirmé dans un livre à charge avoir découvert des liens entre les donations d'hommes d'affaires canadiens et colombiens et certaines décisions des autorités américaines favorables à leurs intérêts alors qu'Hillary dirigeait le département d'État. Sur la défensive, Bill Clinton avait répondu à NBC News que ni sa famille ni sa fondation « n'avaient agi consciemment de façon inappropriée » en acceptant des dons de l'étranger. À la dernière conférence de la Clinton Global Initiative à Denver en juin 2015, il avait insisté : « Quelqu'un peut-il apporter la preuve que nous avons mal agi ? Non. Avons-nous réalisé beaucoup de bonnes choses avec cet argent ? Oui. » À Chelsea, qui dirige la fondation d'une main de fer, de poursuivre la tâche et éventuellement de faire front. Si son épouse est élue, affirmera l'ancien président quelques semaines avant le scrutin, la fondation n'acceptera plus de donations de la part de l'étranger ou de grandes sociétés, il démissionnera du conseil d'administration et ne percevra plus d'honoraires pour ses conférences. Un engagement tardif pour tenter de contrer les accusations de collusion et de compromissions assénées par l'adversaire. Fin août, l'affaire des e-mails rebondit et va poursuivre Hillary Clinton jusqu'à l'élection. À la demande d'un groupe de pression conservateur, un juge fédéral exige que soient publiés quelques quinze mille courriels supplémentaires qui démontreraient les pressions exercées par la fondation pour obtenir du département d'État des rendez-vous en faveur de quelques gros donateurs.

À Philadelphie, la deuxième soirée de la convention démocrate s'achève dans le brouhaha. Les commentateurs des grandes chaînes américaines dissèquent à l'envi le discours de Bill Clinton, qui passera à la postérité, affirment-ils, sous le titre « J'ai rencontré une fille… ». Une autre interrogation surgit : comment nommer Bill si Hillary est élue en novembre ? « *The First Gentleman* » ? « Je préfère Adam, le premier homme ! a déjà répondu l'intéressé dans un éclat de rire. Ou alors "*First Laddy*", Premier gars, en jouant sur le mot *lady* avec l'accent écossais ! » Comment faudra-t-il les annoncer en public : « *Please welcome President Clinton and former President Clinton ? President Clinton and Mr Clinton ?* Veuillez accueillir le président Clinton et l'ancien président Clinton ? Le président Clinton et Monsieur Clinton ? » Qui va jouer le rôle de première dame à la Maison-Blanche, superviser la décoration florale et le placement à table, comme le veut la tradition ? Chelsea, 36 ans, la fille du couple, pourrait assumer une partie des corvées.

On n'en est pas là.

Fort de sa popularité et de son incomparable éloquence, Barack Obama offre à la candidate de son parti le plus décisif des hommages. Dans le dernier grand discours de sa mandature, suivi par quelque trente millions de téléspectateurs, devant un auditoire chauffé à blanc, le président sortant passe le flambeau à son ancienne secrétaire d'État et attaque frontalement Donald Trump. « Cette élection n'est pas une élection comme les autres. Ce n'est pas l'affrontement classique entre les partis et les politiques, entre la gauche et la droite. Cette élection porte plus fondamentalement sur ce que nous sommes. Ce que nous avons entendu à Cleveland – lors de la convention républicaine – n'était pas vraiment républicain, et certainement pas conservateur. Ce que nous avons entendu, c'est une vision profondément pessimiste d'un pays où les gens se dressent les uns contre les autres et contre le reste du monde… une litanie de ressentiment, d'accusations, de colère, de haine. Ce n'est pas l'Amérique que je connais, pleine de courage, d'optimisme, de générosité… L'Amérique est déjà grande, l'Amérique est déjà forte. Et je vous l'assure, notre force, notre grandeur ne dépendent pas de Donald Trump. Il n'a pas l'ombre d'un plan, pas le moindre souci des faits… Quiconque menace nos valeurs, le fasciste, le communiste, le djihadiste ou le démagogue du coin, échouera toujours… Heureusement Hillary est là. L'Hillary que je connais, que j'ai appris à admirer. Jamais aucun homme ni aucune femme n'ont été mieux préparés pour exercer la fonction présidentielle, ni moi, ni Bill – personne… Ce soir, je vous demande de faire pour elle ce que vous avez fait pour moi. Je vous demande de la porter comme vous m'avez porté. La démocratie n'est pas un sport pour spectateurs. Je vous demande de me rejoindre, de rejeter le cynisme, la peur, de conjurer ce que nous avons de meilleur en nous, d'élire Hillary Clinton présidente des États-Unis et de montrer au monde que nous croyons toujours à la promesse de cette grande nation. »

Pendant quatre jours, jusqu'au discours d'acceptation de la candidate qui en est l'apothéose, la convention obéit à une chorégraphie parfaitement réglée. L'objectif : mettre en valeur toutes les facettes de son parcours grâce à des témoins de tous bords, et répondre aux préoccupations des différents segments de l'électorat. Il y aura des moments d'émotion intense quand les mères de jeunes Noirs victimes de violences policières viendront dire leur souffrance, l'écoute dont a fait preuve Hillary à leur égard et leur détermination à se battre dans leurs communautés pour empêcher le pire. À côté de son épouse en foulard, le père musulman d'un capitaine de 27 ans tombé en Irak exprimera sa fierté qu'il se soit battu pour le drapeau. « Vous, M. Trump, vous n'avez rien sacrifié, vous n'avez perdu personne. Avec vous, M. Trump, mon fils n'aurait pas pu être Américain. Vous passez votre temps à salir la réputation des musulmans. Voici la Constitution : l'avez-vous lue ? » lance Khizr Khan à l'adresse du candidat républicain en sortant un exemplaire de sa poche. « Ce sont les plumes d'Hillary qui ont rédigé ça ? répliquera ce dernier, piqué au vif, alimentant la polémique dès le surlendemain à la télévision. Moi, je travaille très très dur, j'ai créé des milliers et des milliers d'emplois, j'ai eu un très grand succès… » Caricaturale, sa riposte tombe à plat. L'affaire Khan ne fait que commencer.

À Philadelphie, le cortège continue, éclairant d'autres facettes, parfois méconnues, de l'action d'Hillary au fil des années. Des pompiers new-yorkais, héros du 11 Septembre, dont l'ancienne sénatrice a amélioré les retraites, jusqu'aux défenseurs des droits des enfants, des militantes luttant contre le trafic d'êtres humains jusqu'aux ouvrières croisées au hasard de la campagne, c'est une autre Amérique qui a droit aux projecteurs et aux applaudissements. De session en session, se succèdent le saupoudrage politique, ethnique et régional de circonstance et les interventions des personnalités marquantes du parti démocrate : les rejetons des dynasties Roosevelt, Kennedy et Carter, les ténors du Congrès, les vrais et les faux amis de la candidate, mais aussi les espoirs de la génération montante comme le sénateur noir du New Jersey, Cory Brooker, et Joaquin Castro, élu latino du Texas, frère jumeau du ministre du Logement de l'administration Obama. Les stars sont là : d'Eva Longoria et Lady Gaga à Paul Simon, Snoop Dog ou Lenny Kravitz, ils sont plusieurs à représenter les milieux du show business acquis depuis longtemps au clan Clinton. Merryl Streep est magnifique quand elle évoque cette génération de femmes pionnières – la sienne, elle était étudiante à Yale une année après Hillary – qui, par leur grâce et leur opiniâtreté, sont parvenues au sommet. Général quatre étoiles à la retraite, commandant des Marines en Afghanistan, entouré d'anciens combattants, John Allen témoigne des capacités de jugement et de décision de celle qui pourrait devenir la première femme

259

Commander in Chief. Plus inattendu encore, Michael Bloomberg, l'ancien maire républicain de New York qui a songé à se présenter sous l'étiquette d'indépendant, vient à la tribune pourfendre Donald Trump : « Je n'ai pas toujours été d'accord avec Hillary Clinton, et pourtant je vais voter pour elle. Il faut battre ce dangereux démagogue qui se fait passer pour un homme d'affaires. Donald Trump promet de diriger l'Amérique comme il dirige son entreprise. Que Dieu nous en préserve ! Je suis new-yorkais, et je reconnais un voyou au premier coup d'œil ! » « Une éviscération ! entend-on en coulisses. Et Bloomberg, lui, est vraiment un multimilliardaire qui s'est fait tout seul ! »

À Jo Biden, le vice-président, très populaire auprès de la base âgée du parti, de faire l'éloge des classes laborieuses, de galvaniser cet électorat blanc et masculin, ces cols bleus de sa Pennsylvanie natale et du Delaware, qui ont assuré sa longue carrière politique et que le candidat républicain a entrepris de séduire. « Donald Trump n'a pas la moindre idée de ce qui fait la grandeur de l'Amérique. Lui, se préoccuper de la classe moyenne ? *Give me a break !* Foutaise ! Il n'y connaît rien ! »

Le candidat à la succession de Joe Biden s'appelle Tim Kayne. À 58 ans, le sénateur de Virginie – l'un des États qui feront la différence en novembre – a été choisi par Hillary Clinton et son équipe au terme d'un processus méticuleux. Ancien avocat passé par Harvard, c'est un centriste – les nostalgiques de Bernie Sanders lui reprochent aussi ses positions en faveur du libre-échange –, et il représente un atout auprès des républicains modérés déstabilisés par Donald Trump. Il est catholique, parfait hispanophone – il a travaillé au

Honduras dans une mission jésuite –, il joue de l'harmonica et il n'a jamais perdu une seule élection.

« J'adore, s'exclame Hillary. Il est tout ce que Donald Trump et Mike Pence ne sont pas ! » Sympathique, bon enfant, l'aspirant à la vice-présidence a du mal à s'imposer lors de son premier grand discours à la convention entre tant de ténors chevronnés, mais son humour et son humilité conviennent visiblement à une candidate toujours tentée de s'abriter derrière sa raideur naturelle.

Cette raideur, il lui faut la surmonter. Hillary Rodham Clinton va faire le discours le plus important de sa vie. Au moment d'accepter l'investiture de son parti, elle doit convaincre les Américains qu'elle a la capacité, le tempérament, le cœur de conduire le pays, de répondre à ses colères, de restaurer son rêve et d'être aussi le commandant en chef qui garantit sa sécurité. Elle sait qu'encore une fois, comme envers toutes les femmes qui prétendent au sommet, les regards seront plus exigeants, et les attentes plus grandes encore.

Sa fille Chelsea la présente avec les formules de circonstances. Puis, en tailleur pantalon blanc, au rythme martial de « Fight Song » de Rachel Platten, Hillary fait son entrée sous les acclamations. Le Wells Fargo Center est plein à craquer. De sa loge, en haut, Bill, tendu, se lève. Dans l'immense salle où se pressent quelque cinq mille personnes, une forêt de pancartes affichent le slogan de la campagne : « *Stronger together*, plus forts ensemble. »

« Je veux remercier Bernie Sanders, commence la candidate. Je t'ai entendu. Ta cause est la nôtre. Notre pays a besoin de tes idées, de ton énergie, pour faire de vrais changements en Amérique ! » On comprend sa feuille de route : il faut satisfaire ces 43 % des électeurs des primaires qui ne l'ont pas choisie. Il faut rassurer la classe moyenne, conforter Main Street quitte à mécontenter Wall Street et même les riches donateurs qui financent sa campagne. Ils paieront plus d'impôts : « Quand 90 % des gains vont à 1 % des plus riches, nous suivons l'argent ! » Il faut purger le système politique de l'excès d'argent et renverser la décision de la Cour suprême qui l'a accéléré. Il faut mettre un terme aux traités commerciaux qui ne protègent pas assez l'emploi. Hillary Clinton n'est plus au centre de l'arc démocrate, elle se place clairement à gauche. Les deux mandats de Barack Obama ont déçu, il est temps de le reconnaître : « Certains d'entre vous sont en colère, furieux même. Et vous savez quoi ? Vous avez raison, l'économie n'est pas encore à la hauteur… » Les arguments portent, les applaudissements crépitent. Surtout ne rien négliger, des droits civiques à l'égalité salariale, des immigrants à la protection sociale, à la gratuité partielle de l'éducation supérieure et à une réforme « de bon sens » sur les armes à feu. Le catalogue continue. Franchement, on s'ennuie.

Hillary ne s'en est jamais cachée : elle n'est pas une oratrice née, elle n'est pas Barack, ni Bill. Mais elle va faire autrement. D'un coup de reins, d'un mouvement d'épaules, radieuse et carnassière, elle s'en prend à Donald Trump.

« On ne peut pas confier les codes nucléaires à un homme qui mord à l'hameçon au moindre tweet… La triste vérité est qu'il n'y a pas d'autre Donald Trump. Il est vraiment comme ça. Il perd son calme à la moindre provocation. Imaginez-le dans le Bureau ovale confronté à une vraie crise... » La foule, debout, trépigne d'enthousiasme.

Contrairement à sa promesse, Donald Trump écoute sa rivale. Au fur et à mesure du discours, ses commentaires fusent sur Twitter : « Hillary l'escroc dit que je ne peux pas faire face à la brutalité et aux cahots de la campagne. Mais je viens de battre seize candidats et elle, je la bats dans les sondages ! »

« Il veut que nous ayons peur de l'avenir et que nous ayons peur les uns des autres, poursuit Hillary Clinton. Mais nous n'avons pas peur. Nous relèverons les défis comme nous l'avons toujours fait [...]. L'Amérique est grande, car l'Amérique est bonne... Assez d'intolérance et de grandiloquence. Donald Trump veut tout faire tout seul ! Il n'offre aucun vrai changement ! » La salle chavire. Prolongeant le discours d'optimisme et d'unité de Barack Obama, évitant l'écueil d'un féminisme excessif et la célébration d'une intronisation historique, Hillary ouvre les bras : « Je serai la présidente des démocrates, des républicains et des indépendants. De ceux qui luttent, de ceux qui s'accrochent et de ceux qui réussissent. De ceux qui auront voté pour moi comme de ceux qui ne l'auront pas fait. De tous les Américains. C'est avec humilité, détermination et une confiance sans limites dans la promesse de l'Amérique que j'accepte votre nomination pour la présidence des États-Unis. »

Hillary Clinton est méconnaissable. Elle exulte. Bill vient l'embrasser sur scène, Tim Kaine, son colistier, leurs familles les rejoignent tandis qu'un déluge de ballons rouges, blancs et bleus descend lentement sur eux et sur l'assistance, transportée.

Il s'agit maintenant de gagner l'élection présidentielle.

Le lendemain, la candidate démocrate et Tim Kayne, son colistier, partent parcourir la Pennsylvanie et l'Ohio voisin en autobus. Ils vont expliquer comment ils entendent recréer de l'emploi.

12

Le quarante-cinquième président
des États-Unis

Les Américains ont commencé à s'intéresser à l'élection présidentielle au lendemain des conventions. C'est leur habitude. Quelles qu'aient été la passion et la violence exprimées tout au long de la saison des primaires, le véritable affrontement est intervenu pendant l'été.

Jusqu'en 2016, la compétition entre les deux grands partis donnait rituellement lieu à un concours d'optimisme. Le vent de colère qui balaie le pays d'un océan à l'autre a brouillé les règles du jeu et bouleversé les codes de comportement.

On savait que le choc serait rude entre deux personnages prêtant l'un comme l'autre, pour des raisons différentes, à la caricature. Jamais à la veille d'une élection présidentielle on n'avait vu des candidats affligés d'une image aussi négative, même si Hillary Clinton a réussi à améliorer son score. Jamais non plus on n'a assisté à une telle remise en cause du caractère de l'adversaire autant que des valeurs fondant son engagement politique.

Sur une population d'environ 300 millions d'habitants, 125 millions d'électeurs ont arbitré en 2012 le duel Obama-Romney. L'élection du quarante-cinquième président ne dépend pas d'un scrutin au suffrage universel direct mais d'un vote État par État, qui désigne un collège électoral de 538 grands électeurs reflétant le vote populaire. Le vainqueur doit obtenir la majorité, soit 270 voix. L'arithmétique est d'autant plus complexe que les règles d'attribution ne sont pas les mêmes d'un État à l'autre, et que les modalités d'enregistrement sur les listes subissent bien des tribulations. Chaque État a sa propre loi électorale, il n'y a pas de registre au niveau national et les documents d'identité requis d'un bureau de vote à un autre ne sont pas les mêmes. Au Texas, une carte d'étudiant n'est pas recevable, mais une licence de port d'armes suffit. Dix-sept États vont expérimenter en novembre de nouveaux dispositifs, pour la plupart contestés en justice pour discrimination envers les Noirs et les Latinos – les conditions d'identification et d'inscription sur les listes électorales sont devenues plus complexes encore. À la fin du mois de juillet, une décision de la cour fédérale de Caroline du Nord annulait ainsi une décision du gouverneur républicain qui imposait des contraintes telles que le vote des Afro-Américains, traditionnellement acquis au parti démocrate, aurait été pénalisé. « Ils en profiteront pour voter dix fois ! rugit en campagne le candidat républicain. De toute façon, l'élection sera truquée ! Truquée ! Hillary est le diable ! » Le lendemain, l'un de ses conseillers, Roger Stone, promet « un bain de sang si la victoire nous est volée ! » Pathétique et dangereux, se contente de riposter le camp adverse.

Au-delà de la violence verbale sans précédent qui imprègne la campagne 2016, un autre facteur ajoute au dysfonctionnement structurel des institutions américaines. En une seule journée tous les quatre ans, l'ensemble des électeurs sont appelés aux urnes, y compris des millions de citoyens issus des minorités ethniques, des jeunes, des communautés à bas revenus, motivés par l'enjeu essentiel : la Maison-Blanche. Aux élections de mi-mandat renouvelant les deux chambres du Congrès et des postes locaux, ces électeurs-là se dérangent peu. Résultat : sur cinq des six dernières présidentielles, les candidats démocrates ont remporté la majorité du vote populaire, alors qu'aux scrutins intermédiaires les républicains se sont assuré une confortable majorité au Congrès.

À chaque échéance majeure, on voit resurgir à la marge des mouvements attirant les déçus de tous bords. Ainsi le Green Party de Jill Stein qui dénonce la capitulation de Bernie Sanders recueille 3 % des intentions de vote – avec un score identique, Ralph Nader avait contribué en 2000 à la défaite d'Al Gore face à George W. Bush. Mais, début août, l'apparition de la dirigeante des Verts à Moscou, aux côtés de Vladimir Poutine a refroidi quelques ardeurs. Partisans d'un programme économiquement libéral et socialement protecteur, les Libertariens de Gary Johnson espèrent dépasser les 10 %. À l'instar de Ross Perrot face à George H.W. Bush en 1992, ils pourraient mordre sur l'électorat républicain.

La performance imprévue de Donald Trump bouscule les lignes. La mobilisation d'un électorat plus large que le socle habituel du parti républicain prouve à quel point le milliardaire new-yorkais a su cristalliser à son profit la colère déferlant contre le système et ses élites. Mais les électeurs acharnés des primaires ne sont pas représentatifs de la population qui ira voter le 8 novembre. La victoire possible de Donald Trump à l'élection présidentielle tient à une seule question :

a-t-il déjà fait le plein de son électorat, ou peut-il convaincre au-delà ?

Au soir de la convention de Cleveland, les experts républicains se lamentaient. En 2012, Mitt Romney avait perdu face à Barack Obama en obtenant 62 % du vote blanc, sans mordre suffisamment sur le vote latino et afro-américain. Mogul devrait donc convaincre une proportion beaucoup plus élevée encore de cet électorat « caucasien » dont la crispation identitaire l'a servi jusque-là. Il n'a pas vraiment tenté d'appâter d'autres clientèles du côté des minorités, ni même des femmes qui lui restent largement hostiles. La colère blanche et prioritairement masculine va-t-elle le porter jusqu'au Bureau ovale ? Oui, affirme le cinéaste d'extrême gauche Michael Moore, qui estime que la mobilisation va toucher les modérés, qu'ils soient républicains ou démocrates. La contagion pourrait gagner le camp opposé au-delà des seuls nostalgiques de Bernie Sanders. Il suffirait pour Mogul de remporter les quelques États clés qui feront la différence en novembre : la Floride, l'Ohio, la Pennsylvanie, la Caroline du Nord, et d'y concentrer l'essentiel de ses ressources financières, restées inférieures à celles de sa rivale démocrate malgré les élans de générosité des militants de base sollicités sans relâche.

Il faut entretenir la rage populiste. Les fils Trump s'y emploient : « Hillary l'escroc reçoit des centaines de millions de dollars des élites qui ont coulé notre économie, ridiculisé notre frontière et se sont accordés d'énormes privilèges fiscaux alors que la petite entreprise a sombré. Mon père compte sur vous et sur d'autres Américains qui en ont marre pour l'aider à virer les élites progressistes du pouvoir ! Ne restons plus passifs quand d'autres pays nous exploitent et se moquent de nous ! Avec mon père, l'Amérique sera à nouveau numéro 1. Nous serons à nouveau les gagnants ! Signé Donald Trump Junior. »

La campagne Clinton n'est pas en reste. À peine les ballons de Philadelphie envolés, une série de clips intitulés « Trump par lui-même » ont inondé les espaces publicitaires des chaînes locales et nationales. On y voit des extraits d'interviews où The Donald s'en prend aux femmes qui avortent, aux juges d'origine mexicaine, aux musulmans terroristes, au journaliste handicapé dont il avait imité les gestes saccadés. « Voilà ce que nos enfants regardent ! » souligne la propagande démocrate.

Trois mois avant l'élection, l'affaire Khan a marqué le tournant de la campagne présidentielle. Non content de dénigrer l'intervention de Khizr Khan à la convention de Philadelphie, Donald Trump s'en était pris à son épouse, restée muette aux côtés de son mari. Insinuant qu'elle n'aurait pas eu le droit de s'exprimer puisque musulmane, persistant à insulter les parents d'un soldat tombé pour la patrie et décoré de la « Gold star », le candidat républicain a choqué les milieux militaires et leurs familles, dont le poids électoral est considérable dans certains *swing states*. Effet ricochet, la presse a exhumé le passé militaire de Mogul qui, en pleine guerre du Vietnam, avait bénéficié de cinq sursis à la conscription. Il plonge alors dans les sondages.

« Il n'est vraiment pas un candidat présidentiel normal. Quelqu'un qui éprouve ainsi le besoin d'attaquer tout le monde doit avoir une case en moins ! » répète son adversaire de meeting en meeting.

Donald Trump aura réussi cet exploit : faire sortir Hillary Clinton de sa gangue. Comme l'espéraient ses fidèles, la voici bien meilleure dans l'attaque qu'elle

269

ne l'était en défense, quand elle devait affronter à la fois Bernie Sanders et le milliardaire new-yorkais. Au-delà des aléas de la campagne, des révélations vraies ou fausses que ce dernier a semées sur la route, elle a dû éviter deux écueils : riposter de façon trop technocratique aux arguments d'un candidat dont la verve et le simplisme font mouche ; utiliser à l'excès cette « carte femme » moquée par son rival, qui aurait pu titiller le vieux fond misogyne de la culture américaine. Il n'y a que 20 % de femmes élues au Congrès, bien en dessous des 30 % recommandés par les Nations unies. Pour celle qui avait marqué les esprits à la conférence de Pékin en 1995 en déclarant : « Les droits de l'homme sont les droits de la femme », la piqûre de rappel est cruelle, mais nécessaire.

Balayés les rumeurs sur son état de santé et les soupçons sur l'incapacité d'une femme à assumer le rôle de commandant en chef. Jusqu'au 8 novembre, l'impératif d'Hillary Clinton est de reconstituer à son profit la coalition gagnante que Barack Obama, par deux fois, a réussi à rassembler : les femmes, les Noirs, les jeunes, les Hispaniques, les classes moyennes passées par l'université mais aussi les milieux plus modestes prête à croire à nouveau au rêve américain. Elle doit aussi tenter d'atteindre le cœur de l'électorat blanc et mâle de son adversaire.

« Nous sommes un pays où l'agglomérat de minorités finit par constituer une majorité, explique Léon Wieseltier, spécialiste de philosophie politique à la Brookings Institution. Les Blancs sont devenus une minorité qui se sent insultée, perdante dans l'évolution de l'histoire. Les Noirs sont une minorité, les Hispaniques une autre, les Asiatiques... Bien sûr, le critère ethnique ne suffit pas à vous définir. Les facteurs économiques restent déterminants. Mais la génération des Millennials aborde la politique comme des consommateurs, sensibles au marketing numérique, indifférents aux pratiques verticales à l'ancienne. Barack l'avait compris. À Hillary de forger sa propre forme de populisme, version parti démocrate[1]. »

Depuis la convention de Philadelphie, la stratégie du camp démocrate est claire. Ce n'est pas une élection comme une autre, avait martelé le président sortant, l'adversaire a changé de nature. Donald Trump incarne une anomalie et une menace, à l'écart de la tradition républicaine. Pour le vaincre, il faut dépasser les clivages partisans, en revenir aux principes mêmes des institutions. Le système américain n'a-t-il pas été conçu pour barrer la route au démagogue, à l'autocrate, à l'apprenti dictateur qui seul détiendrait la solution aux problèmes de la nation ?

Robert Kagan, hier chantre des « néo-conservateurs » proches de George W. Bush, fait partie de ces intellectuels républicains qui se sont violemment dressés contre Donald Trump. Avec d'autres piliers du GOP comme Brent Scowcroft, ancien conseiller à la sécurité de Bush père, il a fait activement campagne pour la candidate démocrate. En mai 2016, il signait dans le *Washington Post* un papier virulent qui a suscité, dans le monde anglo-saxon, une controverse passionnée : « Le phénomène Trump n'a rien à voir avec la politique ou l'idéologie. Il n'a rien à voir avec les républicains non plus, sauf dans leur rôle historique d'incubateurs de cette menace unique contre notre démocratie […]. Ce que Trump offre à son auditoire, c'est

---

1. Entretien avec l'auteure, Washington, 21 janvier 2016.

une attitude, une aura de force brute et de machisme, un mépris affiché pour les subtilités de la culture démocratique [...]. Ce qu'il a suscité en réalité, c'est ce que nos pères fondateurs redoutaient plus que tout : le déchaînement des passions populistes, le règne des foules [...]. Au cours du siècle dernier, on a vu ce phénomène se produire, et on a eu tendance à appeler ça le fascisme[1]. »

La controverse a pris de telles proportions que Robert Paxton, professeur émérite à l'université Columbia et historien incontesté du fascisme européen, a réagi à son tour : « La stagnation économique et l'immigration massive : voilà deux phénomènes concomitants auxquels les gouvernements démocratiques sont confrontés [...]. L'insistance sur le déclin du pays, l'exaltation de l'identité nationale contre les autres, les étrangers, les immigrants, sont bien des arguments qui rappellent l'Europe des années 30. Mais Mr Trump n'a pas créé de milices en uniforme. Les fascistes, eux, voulaient un État fort, omniprésent, pas l'individualisme et la déréglementation célébrés aujourd'hui[2]. »

À en croire le Pew Research Center, les deux tiers des Américains sont convaincus que l'économie ne sert que les riches. De 2001 à 2015, le produit national brut a augmenté de 14 % mais le salaire moyen ne s'est élevé que de 2 %. Près de 7 électeurs sur 10 pensent que la classe politique, quel que soit son bord, ne se préoccupe en rien du citoyen ordinaire.

---

1. *The Washington Post*, 18 mai 2016, traduit dans *Courrier international*, 9 juin 2016.
2. *The New York Times*, 30 mai 2016.

« Il faut le reconnaître : notre modèle social qui a assuré la solidité de notre classe moyenne, est aujourd'hui menacé, affirme Walter Russell Mead, professeur à Bard College et directeur de la revue *American Interest*. À partir du moment où les fondations sont ébranlées, il est plus difficile de résister aux pressions populistes, qu'il s'agisse de politique intérieure ou internationale[1]. »

Au lendemain d'une convention chaotique qui a tourné au culte de la personnalité, Paul Ryan, le patron du GOP à la Chambre des représentants, résigné à attendre son heure, soupirait : « Le parti républicain est un paquebot qui vogue lentement vers le populisme. » Humiliant celui qui avait tardé à l'adouber, Mogul refusa un moment d'apporter sa caution au député du Wisconsin, qui se bat pour sa réélection, comme à John McCain, sénateur de l'Arizona. Son propre colistier, Mike Pence, se désolidarisa publiquement de cette décision. « C'est le parti de Trump maintenant, claironnait Roger Stone, l'un de ses proches. Tous les grands présidents républicains – Lincoln, McKinley, Eisenhower, Nixon, Reagan – ont remodelé le parti à leur image. Nous allons devenir le parti des classes moyennes qui travaillent. Le parti façon Country Club de la famille Bush, c'est terminé ! »

L'indignation au sein du GOP fut telle que Paul Ryan et John McCain obtinrent finalement le soutien officiel du candidat. Mais une dizaine d'élus en quête de réélection l'ont refusé – du jamais vu dans l'histoire du parti.

« Donald Trump est inapte à exercer la fonction présidentielle, assena Barack Obama lors d'une conférence de presse à la Maison-Blanche au début du mois d'août.

---

1. Conférence ECFR, La Haye, 28 juin 2016.

Je le répète aux responsables républicains : comment pouvez-vous à la fois dénoncer chacun de ses excès et tolérer qu'il reste votre porte-drapeau ? » Jamais depuis les années 1950, quand Harry Truman s'était moqué de l'ignorance politique de Dwight Eisenhower, n'avait-on entendu pareille dénonciation de la bouche d'un président en exercice.

Une cinquantaine de personnalités conservatrices faisant autorité en matière de sécurité nationale signèrent à leur tour une lettre ouverte dénonçant l'incurie du candidat républicain et le danger sans précédent que représenterait son élection pour le pays, ses intérêts vitaux et ses valeurs démocratiques.

D'un état à l'autre, de réunion en réunion, la campagne électorale a continué d'attiser la haine et la violence. « *Lock her up !* Hillary en tôle ! Pendez cette p… » hurlaient des militants en Pennsylvanie, certains arborant sur leur T-shirt l'inscription « *Trump that bitch…* Balance cette p… »

En août 2016, à Wilmington en Caroline du Nord, Donald Trump, usant encore une fois d'une grammaire approximative pour instiller quelques idées auprès de partisans chauffés à blanc, accuse sa rivale, contre toute évidence, de vouloir interdire le port d'armes garanti par la Constitution : « Hillary veut abolir le deuxième amendement… D'ailleurs si elle peut choisir ses juges à la Cour Suprême, vous ne pouvez plus rien faire, les amis… Quoique, pour les gens du deuxième amendement, il y a peut-être quelque chose, je ne sais pas… » Aurait-il appelé les défenseurs forcenés des armes à feu à en user contre Hillary Clinton ? Aurait-il contrevenu à un tel interdit, de surcroît dans un pays traumatisé par tant d'assassinats politiques ? Médias et réseaux sociaux se sont déchaînés sur la question, tandis que plusieurs experts en sont venus à mettre en doute la santé mentale du candidat républicain malgré l'interdiction formelle de l'American Psychiatric Association – ce serait manquer d'éthique et de responsabilité, d'après sa présidente. « J'appelle le président Obama et Hillary Clinton les fondateurs de Daech... » De meeting en meeting, en août, le candidat républicain assène une nouvelle formule. « Il est le fondateur, d'accord ? C'est lui, le fondateur ! Il a créé Daech ! Je dirais que la cofondatrice est cette tordue d'Hillary Clinton ! ». « Voilà qui fait écho aux arguments utilisés par Vladimir Poutine, riposte le camp démocrate, et qui ne propose aucune mesure sérieuse pour lutter contre le terrorisme. » Ce n'était qu'un « sarcasme », avance Donald Trump avant de se rétracter : c'est bien ce qu'il voulait dire. Puis, quelques jours plus tard, il exprime publiquement « ses regrets pour les commentaires blessants » qui lui auraient échappé au cours de la campagne, sans pour autant nommer ses cibles. Capter l'attention, dominer le cycle médiatique, en clair renforcer sa marque plutôt que se plier aux règles de base de la politique : Trump continue de faire du Trump.

Alors que de tels écarts lui nuisent dans les sondages, Donald Trump persévère. Pas question de policer son image, de chercher à séduire d'autres segments de l'électorat, à commencer par les élites républicaines. Les efforts de Paul Manafort ont été vains. Empêtré dans le scandale de ses affaires ukrainiennes, marginalisé par le candidat et ses enfants, qui le qualifient comme Jeb Bush de « low energy – basse intensité », le directeur de campagne démissionne. À moins de trois mois de l'élection présidentielle, il est remplacé par Kellyanne

Conway, spécialiste des sondages, et par Stephen Bannon. Bagarreur et provocateur, ouvertement partisan du suprématisme blanc, ce dernier préside Breitbart News, alias la « Trump Pravda », ce site d'information d'extrême droite apparu aussi en Grande-Bretagne pour soutenir la campagne de Nigel Farage en faveur du Brexit.

« Dans un tel climat, affirme Philip Bobbitt, l'un des plus éminents experts américains en droit constitutionnel, ancien conseiller des administrations républicaine et démocrate, à un tel niveau d'aliénation, de frustration, de perte de confiance dans la capacité des dirigeants à trouver des solutions, nos institutions traditionnelles paraissent incapables de répondre aux attentes. L'impression s'accroît que notre démocratie représentative ne peut plus remplir ses promesses. Les élites sont discréditées et les brailleurs populistes dominent le vacarme dans les médias et les réseaux sociaux[1]. »

La campagne présidentielle américaine a révélé et accéléré un phénomène qui partout bouleverse les pratiques démocratiques : les faits n'ont plus aucune importance. L'ignorance devient un atout, sinon un gage de fiabilité.

Donald Trump l'a compris depuis longtemps : qu'importe la véracité du propos, ce qui compte, c'est l'intensité de l'écho qu'il suscite. Durant la campagne, sa tactique a donné toute sa mesure : insinuations, approximations, semi-démentis quand le tollé devient trop fort, et on passe à autre chose. Si, à la stupéfaction des observateurs patentés, son discours a autant

---

1. Entretien avec l'auteure, Avesta (Suède), 9 juin 2016.

convaincu, la démocratie représentative démontre aux États-Unis comme en Europe à quel point son terreau est devenu friable.

En Écosse au moment du référendum britannique de juin 2016 (il y inaugurait un nouveau golf…), Mogul s'est bruyamment félicité du Brexit. Quitte à se tromper sur le sens du vote écossais, hostile à la sortie de l'Union européenne, il s'est exclamé : « Ici, il y a de grandes similarités avec ce qui se passe chez nous ! Les gens veulent reprendre le contrôle de leur pays ! » Le parallélisme entre les clientèles et les motivations électorales des deux côtés de l'Atlantique existe aussi au niveau des méthodes : les arguments des partisans du Brexit, de leur propre aveu, n'avaient pas besoin d'être exacts, l'important était d'attiser les émotions et le réflexe identitaire.

La campagne présidentielle américaine illustre à grande échelle une autre mutation. Sous l'impulsion des réseaux sociaux, l'information ou ce qui en tient lieu se répand en silos, réservée de façon tribale à ceux qui pensent déjà à l'identique. On est entré dans un monde d'« auto-référencement », selon l'expression de Richard Edelman, président de la société éponyme. Les études d'opinion démontrent qu'« une personne comme « moi », c'est-à-dire un ami faisant partie des 1,7 milliard d'utilisateurs de Facebook, est perçue comme une source d'information plus crédible qu'un chef de gouvernement ou une personne d'autorité ». Facebook est devenu un protagoniste majeur de l'arène politique – Mark Zuckerberg, son patron, a eu droit aux récriminations de certains commentateurs conservateurs qui lui ont reproché d'exercer à son tour, dans le tri des rubriques proposées, « une déformation progressiste » hostile à la cause Trump.

Les grands journaux traditionnels, dénoncés pour leur appartenance au « système », ont beau s'attacher aux faits, ils s'interrogent sur leur propre responsabilité dans l'émergence du phénomène Trump et leur capacité à perpétuer la tradition d'objectivité dont ils se revendiquent. « La presse est répugnante ! » clame le candidat républicain qui voit dans les médias « [son] deuxième ennemi, ligué à cette tordue d'Hillary ». Depuis le début de la campagne, contrairement à son rival qui a longtemps bénéficié d'une forme de fascination, la candidate démocrate a pourtant eu droit à une couverture médiatique particulièrement négative, selon le Shorenstein Center de l'Université Harvard. La lame de fond déferle et emporte aussi les chaînes d'information télévisée. Elles ont battu leurs records d'audience et de revenus tant le feuilleton présidentiel a dépassé en rebondissements les séries de fiction les plus inventives, mais elles sont à leur tour prises de vitesse par les réseaux sociaux. Twitter et Facebook diffusent désormais des images en direct, fournies sans filtre par les témoins ou les acteurs des événements – une révolution que les experts comparent à la naissance de CNN en 1991 lors de la première guerre du Golfe. 200 millions d'Américains utilisent Facebook, devenu le média dominant en même temps qu'un outil incomparable de ciblage électoral. En 2008, la première victoire de Barack Obama avait été surnommée « l'élection Facebook ». Huit ans plus tard, combinée avec les données recueillies sur les électeurs-consommateurs, la publicité achetée par les candidats sur Facebook et Google pénètre plus profondément encore la matrice électorale. Fort de son expérience antérieure, le camp démocrate a beaucoup mieux compris et utilisé cette nouvelle dimension du pugilat politique.

Le vrai combat se déroule à l'ancienne, en trois temps de 90 minutes, selon le rituel du duel inauguré en 1960 par John Fitzgerald Kennedy et Richard Nixon. Une première fois en septembre, deux fois en octobre, Hillary Clinton et Donald Trump s'affronteront sur les trois chaînes de télévision nationales qui diffuseront tour à tour les débats. Suivant une cadence identique, les deux candidats à la vice-présidence s'exposeront au même exercice.

On connaît les enjeux : la Maison-Blanche, mais aussi les élections qui, le 8 novembre, décideront des nouveaux rapports de force politiques entre les deux grands partis au Congrès et dans les 50 États et territoires de l'Union. Quels qu'ils soient, la prochaine administration sera face à un pays à vif, dont les colères se seront exprimées comme jamais et les divisions approfondies par la radicalisation des extrêmes, à droite comme à gauche.

Plus décisif encore car il s'inscrit dans la durée, le résultat de l'élection présidentielle affectera la composition de la Cour suprême, arbitre ultime de la démocratie américaine. Depuis la mort du juge Scaglia en février 2016, les républicains bloquent la nomination du remplaçant choisi par la Maison-Blanche, Merrick Garland, pourtant connu pour ses positions modérées. Rompant avec la règle d'airain qui impose aux juges suprêmes l'abstinence médiatique, Ruth Bader Ginsburg, 83 ans, a dit publiquement son exaspération, et son effroi à l'idée d'une victoire de Donald Trump : « Je ne peux imaginer

279

ce que cette Cour deviendrait, ce que le pays deviendrait. Pour le pays, ce serait une affaire de quatre ans. Pour cette institution, ce serait… je ne veux même pas y penser. » Unanimement réprimandée pour avoir dit tout haut ce que ses pairs pensent tout bas, elle a dû présenter ses excuses.

Jamais dans l'histoire contemporaine l'identité du prochain président des États-Unis n'a provoqué dans le monde un tel intérêt et autant d'inquiétude.

Depuis la fin des conventions, comme le veut la tradition, les deux candidats doivent l'un et l'autre recevoir les rapports des agences de renseignement concernant la sécurité du pays. Les outrances de Donald Trump, son admiration répétée pour Vladimir Poutine et l'implication avérée de Moscou dans le piratage informatique du parti démocrate n'inspirent guère d'enthousiasme à Washington. Le refus obstiné du milliardaire de publier ses déclarations fiscales – ce n'est pas la loi mais une règle observée par tous les candidats depuis 1976, dans les décombres du Watergate – alimente la suspicion. Y trouverait-on la trace d'affaires dissimulées avec quelques oligarques russes ? Vérifierait-on, plus prosaïquement, que The Donald est moins riche qu'il n'aime à l'affirmer ? Son groupe serait plombé de plus de 650 millions de dollars de dettes, et sa fortune repose sur un entrelacs d'emprunts contractés notamment auprès de partenaires chinois. Sa rivale démocrate, dont il incrimine tant les fréquentations ploutocrates, publie sur son site huit ans de déclarations d'impôts.

Plus grave, le rôle de l'Amérique dans le monde, tel que le candidat républicain l'a brossé au fil de la campagne, ajoute aux incertitudes et à l'instabilité planétaires. En

Europe, seul Viktor Orban, le premier ministre hongrois, fort de sa doctrine nationaliste, reconnaît en Donald Trump un compagnon d'armes contre la mondialisation et le métissage. Au sein de l'Alliance atlantique, surtout en Pologne et dans les pays baltes, l'éclipse éventuelle du protecteur américain fait froid dans le dos. En France, les propos dédaigneux tenus par l'homme d'affaires au lendemain de la tragédie de Nice n'ont pas ajouté à son crédit – François Hollande les a publiquement dénoncés et fait état d'un « sentiment de haut le cœur » provoqué par son comportement. En Chine, dont le régime honnit le désordre et l'imprévisibilité, au Japon, allié traditionnel de Washington, en Asie du Sud-Est, en Inde, en Iran, dans la majeure partie du monde arabe, l'inquiétude domine. Il n'y a guère qu'à Moscou, où Vladimir Poutine poursuit son grand dessein d'un nouvel ordre mondial, que la perspective d'une présidence Trump apparaît prometteuse. En revanche, l'élection d'Hillary Clinton y est mal vue. On sait à quel point, bien plus que Barack Obama, la candidate s'inscrit dans la continuité d'une doctrine édifiée depuis la Deuxième Guerre mondiale tant par les administrations démocrate que républicaine : aux États-Unis revient la tâche de conduire l'Occident, de protéger leurs alliés, de peser sur les affaires du monde au mieux de leurs propres intérêts, de perpétuer en somme l'exceptionnalisme américain. Parce qu'il est porteur de valeurs universelles, le destin de l'Amérique n'est-il pas encore et toujours d'éclairer la planète ?

Donald Trump entend le circonscrire aux frontières des États-Unis. Hillary Clinton continue de croire en sa valeur rédemptrice à l'échelle du monde.

En 1776, Thomas Jefferson et les Pères fondateurs ont écrit : « Tous les hommes sont créés égaux ; ils sont doués par le Créateur de certains droits inaliénables ; parmi ces droits se trouvent la vie, la liberté et la recherche du bonheur. »

Aux Américains de décider qui, dans les quatre ans à venir, va les aider sur ce chemin.

Remerciements

Tout au long de cette longue redécouverte des États-Unis, j'ai bénéficié de l'amitié, de la confiance et de l'expertise de plusieurs personnes, auxquelles j'exprime ma gratitude.

D'abord Laurence Haïm, sans qui je n'aurais pu parcourir l'Iowa et la Californie avec autant de bonheur, de chansons et quelques querelles !

Mais aussi : Mounira Alhmoud, Sydney Blumenthal, Philip Bobbitt, Philippe Bourguignon, Karolyn Bowman, Steven Breyer, Marc Cantarelli, Jim Clifton, E. J. Dionne, Steven Erlanger, David Frum, Peter Galbraith, Adam Gopnik, Donald Greene, Jim Hoagland, John Judis, Joe Klein, Christophe Labarde et mes amis de la French American Foundation, Denis Lacorne, Edward Luce, Mark Lulla, Charlie Mahtesian, Kati Marton, Dan Morgan, Margaret McQuade, Maureen Orth, Tom Reston, Kermit Roosevelt, Charlie Rose, David Rothkopff, Jeremy Shapiro, Julien Vaulpré, Melanne Verveer, Léon Wieselthier, Bob Woodward, Guillaume Zeller.

Table

Composition et mise en pages
Nord Compo à Villeneuve-d'Ascq

N° d'Édition : 55475/01. – N° d'impression :
Dépôt légal : septembre 2016
Imprimé au Canada